영어 이메일 쓰기 고수되기

방법과 조언

영어 이메일 쓰기 고수되기
방법과 조언

배정옥 지음

한국문화사

영어 이메일 쓰기 고수되기
방법과 조언

1판 1쇄 발행 2024년 2월 29일

지 은 이 | 배정옥
펴 낸 이 | 김진수
펴 낸 곳 | 한국문화사
등   록 | 제1994-9호
주   소 | 서울시 성동구 아차산로49, 404호(성수동1가, 서울숲코오롱디지털타워3차)
전   화 | 02-464-7708
팩   스 | 02-499-0846
이 메 일 | hkm7708@daum.net
홈페이지 | http://hph.co.kr

ISBN 979-11-6919-198-2 93740

· 이 책의 내용은 저작권법에 따라 보호받고 있습니다.
· 잘못된 책은 구매처에서 바꾸어 드립니다.
· 책값은 뒤표지에 있습니다.

오류를 발견하셨다면 이메일이나 홈페이지를 통해 제보해주세요.
소중한 의견을 모아 더 좋은 책을 만들겠습니다.

들어가며

영어 이메일 쓰기의 고수가 되는 것은 쉽습니다.
알면 쉬운데 알려주는 사람이 주위에 없었던 것 뿐이지요.
여기 이 책으로 반듯하고 능숙하고 적절한 이메일 사용자가 되어
이메일의 장점을 활용하여 과업을 수월하게 완수하고
대한민국이 세계와 함께 발전과 조화를 이루는 데 기여할 수 있을 것입니다.

머리말

저자는…

이메일 매체는 1991년쯤 미국에서 시작되었다. 저자 배정옥 교수는 이 무렵 영어교수법 전공의 대학원 석사과정을 시작으로 10년 이상 영어로 이메일을 상용함으로써 영어 이메일의 기술을 영어권 문화와 생활 속에서 체험하고 익혔다.

저자는 지난 30여 년간 미국에서 석박사 학생, 언어분야 연구조교와 평가자로서, 그리고 한국의 대학교에서 교양영어 원어민 강사들을 관리하는 코디네이터로서, 영어원어민들과 이메일로 교신해 왔다. 또한 지식정보를 얻고 토론을 위해 만들어진 이메일 단체들(예: LTEST-L, SEMnet)의 멤버로서 전 세계 영어 사용자들이 보내오는 이메일들을 일상적으로 읽어 왔으며, 이메일을 써 올리기도 하였다. 이 경험을 통해 자연스럽게 영어 이메일의 양상과 질(quality)을 관찰하게 되었고, 원어민들도 부주의할 경우 저지르게 되는 이메일 오류나 허술함을 고찰하게 되었으며, 동시에 한국인들이 쓴 영어 이메일들을 접하는 가운데 한국인들이 종종하는 실수도 관찰하게 되었다. 이 경험을 통합하여 여기 책으로 정리하였다.

저자는 최근 10여 년간 영어 이메일 쓰기에 대한 내용을 경북대학교 영어교육과에 개설된 영어 작문 교과목을 통해 가르쳐 왔다. 매년 수강생들에게서, 이 강의를 통해 몰랐던 내용을 많이 알게 되었으며, 내용이 재미있고 유용하며 소화하기에 좋아 영어 이메일 쓰기에 많은 도움을 받았다는 피드백을 들었다. 여기 책으로 공개하여 더 많은 사람들에게 도움이 되고자 한다.

이 책으로 독자는…

이메일의 역사는 1990년대 초에 시작하여 40년 가까이 이어져왔다. 이메일은 소통과 통신의 주요 매체로서 일을 추진하는 과정에서 필수적인 요소가 되었다. 이 기간 동안 이메일에 관한 관습과 기본 규칙이 정착되었다.

그러나 많은 이들이 이메일의 관습이나 룰에 대해 모르기 때문에 아무렇게, 어설프게 이메일을 작성해서 보내고 있다. 그 결과 Reader(수신자)와의 소통에 불편함이 생기게 되고, 메일을 쓴 사람으로서의 이미지가 손상되기도 한다. 본인은 그 사실을 모르는 체 말이다.

독자들은 본 책으로 공부함으로써 영어 이메일 작성법을 습득하고, 영어 이메일을 쓸 때 자주 저지르는 오류, 결례, 부적절한 요소에 대해 인지하고 교정할 수 있을 것이다. 영어로 이메일을 자신있고 적절하게 작성할 수 있으며, 영어 이메일과 관련하여 지성과 감성의 주인으로 적절히 대응할 수 있게 될 것이다.

독자들은 이 책에서 제공하는 영어 이메일 쓰기 조언 시리즈를 듣고 영어 이메일과 관련한 언어, 정서, 기술(skill)적 저해에서 자유롭게 됨으로써 지역과 글로벌 사회에서 반듯하고 원활하게 소통할 수 있게 될 것이다. 독자들은 각자의 분야에서 미래 과업을 수월하게 성취할 기반을 마련하게 되는 동시에 자신의 아름답고 긍정적인 의향을 수월하게 영어로 담아 주변과 세상에 조화를 이룰 것이다.

도움이 된 사람들

이메일 쓰기 고수되기 내용 전개에 경북대학교 영어교육과의 영작문 수강 학생들이 피드백을 제공해 주었으며, 일부는 유튜브 작문 채널에 있는 이메일 관련 영상들이 글로 전환되도록 정리를 도와주었다. 이에 감사한다. 아울러 원고 정리와 개정에 도움이 된 경북대학교 강병일, 김보민, 이소정, 유지수, 우채연 학생들, 대구 국제고등학교 이지은 영어선생님, 조나단 조달(Jonathan Jordahl) 교수님, 출판을 담당한 한국문화사 스탭진, 특히 조정흠 부장님과 진나경 선생님께 감사한다.

이 책과 관련하여 오류를 발견하거나 생각을 나누고자 하시는 독자님, 혹은 이 책을 교재로 사용하는 데 문의를 하실 분은 저자에게 메일 주시면 (jungokbae@gmail.com) 감사하겠다.

참고

1. 본 도서의 내용은 배정옥 교수의 유튜브 채널인 "영어쓰기, 기술과 창작"에 나오는 내용 중 "영어 Email Tips" 시리즈에 해당하는 것이며, 이를 도서용으로 개편하였음.
2. 본 도서 내용 정리의 일부는 2022년도 "국립대학육성사업"의 일환으로 경북대학교 사범대학이 추진한 "고교학점제 교과목 개발 지원"의 하나로 추진되었음.
3. 개인정보 보호를 위해 일부 내용을 ×로 표기함.
4. 예시로 쓰인 이메일 텍스트 내의 문법 오류는 텍스트의 진정성(authenticity)을 위해 수정 없이 사용함.

〈영어쓰기, 기술과 창작〉
https://bit.ly/32qcfAd

차례

들어가며 005
머리말 007

1 서명의 중요성과 쓰는 방법
Signature 013

2 제목, 주제 잘 짓기
Subject 027

3 포맷 & 구성요소와 영어 표현들
Greeting, Main Body, Closing, Signature 037

4 첨부파일 매너와 첨부 시 유용한 영어 표현들
Attachment 053

5 이메일 본문에서 쓰는 유용한 영어 표현 시리즈 1부
Useful Expressions 1 069

6 이메일 본문에서 쓰는 유용한 영어 표현 시리즈 2부
Useful Expressions 2 077

7 격이 있는 영어 이메일 쓰기를 위한 조언 여섯 가지
Du's and Don'ts 087

8 나를 화나게 하는 이메일을 읽었다면 어떻게 할까? 099

9 교재로의 활용 방법 105

Chapter
1

서명의 중요성과 쓰는 방법

Signature

Chapter 1

서명의 중요성과 쓰는 방법

한국 사람들이 영어로 이메일을 쓸 때 가장 많이 하는 실수이면서 가장 심각한 실수가 무엇일까요? 이 실수는 알기만 하면 가장 쉽게 고칠 수 있는 것이기도 합니다. 바로 서명을 하지 않은 채 이메일을 보내는 것입니다. 이 주제를 급선무로 다루어 제1장에 배치하였습니다.

서명 없이 보낸 이메일의 효과는 부정적입니다. 해당 이메일을 받는 사람이 이메일의 격식에 대해 아는 사람이라면요. 이 첫 번째 장에서는 서명을 쓰지 않았을 때 어떤 문제가 발생하는지, 그리고 올바르게 서명하는 방법들은 어떤 것인지를 다룹니다.

 서명 부재 예시

서명 부재 예시를 봅시다.

Dear professor Bae.

Hello, Professor. I am cho ××× majoring in English Education, and taking an English Writing class on Monday and Wednesday. I sand you an email to inform you that I will not be able to attend today's class (10/28) due to a severe cold.
I will attend the next class with a medical certificate, and take note from the class that day. Thank you.

[서명 없음]

위 메일에서는 "Dear …" 인사가 나오고, 맨 끝에 "Thank you"라고 예의있게 맺었습니다. 그러나 그 아래 서명이 없습니다.

Dear Professor Bae

My name is ×××Kim and I am majoring in English Education.
I am writing to request for taking your class, English composition.
I tried to sign up for this class, but I failed. I think this class help me improve my writing skills and learn how to write correctly.
I wonder it is possible for me to take the class this semester.
Thank you for reading my email.

[서명 없음]

위 메일에서도 "Dear …" 인사가 나오고 본문이 나온 후에, 끝에 "Thank you for reading my email"로써 예의를 갖춘 맺음이 되었습니다. 그러나 이 메일 또한 그 아래 서명이 부재합니다.

Hello, professor, I am Lee ×× from ×××.

I got a B− in English phonetics class, and have studied harder than any other class I have ever taken in a semester, and think it is probably the most studied subject of all four semesters.

I would appreciate it if you could check once more and assess whether my efforts during the semester are really B−.

Thank you.

[서명 없음]

위 메일에서도 Greeting, 자기 소개, 본문이 이어지고, 예의를 갖추어 끝맺음한 걸로 보아 이 메일은 성의있게 쓰인 것으로 보입니다. 하지만 서명하지 않았습니다. 이것으로 볼 때 이 메일의 작성자는 서명해야 한다는 사실을 모르는 것 같습니다. 성의있게 쓰면서 일부러 서명하지 않는 경우는 없겠지요.

한국어 이메일 예시를 봅시다.

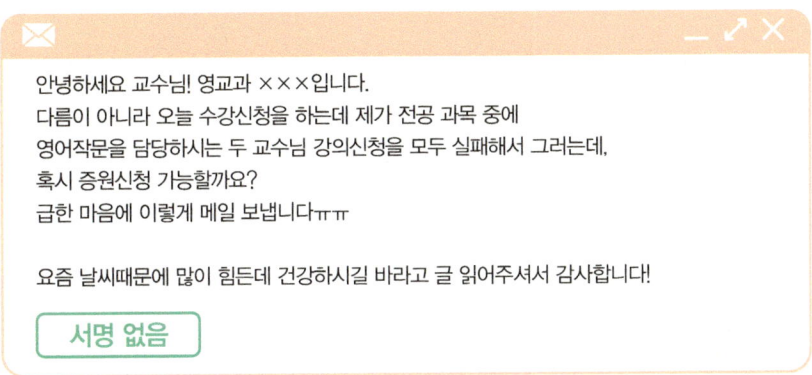

위 메일에도 예의가 엿보이나, 서명이 없습니다.

아래 두 개의 짧은 메일 또한 서명이 없습니다.

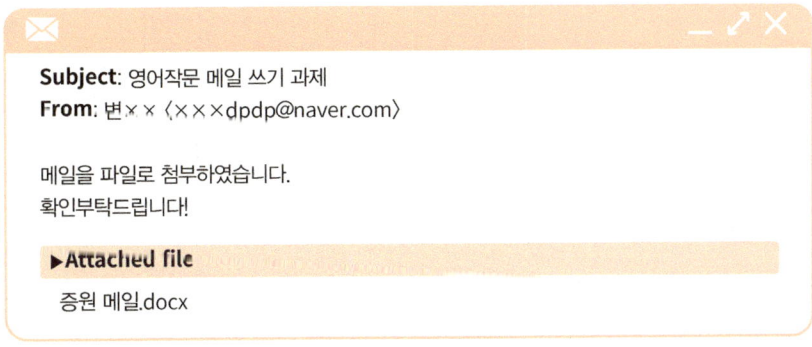

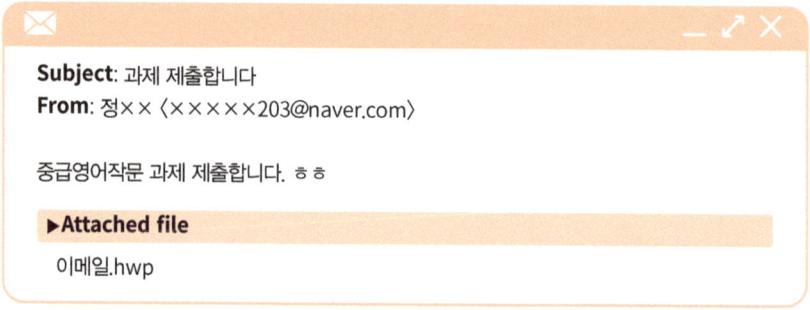

아마도 작성자의 심리는, From 란에 누구에게서 온 것인지를 알려주는 이름이 나오기 때문에 달리 서명을 할 필요가 없다고 여기는 것 같습니다.

아래는 지식 있는 직장인의 예입니다.

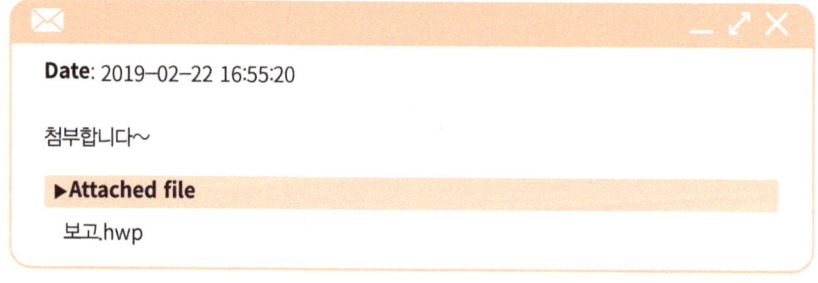

"첨부합니다~" 라고 톤을 올림으로써 상냥하게 쓴 것이지만, 서명을 해야 한다는 것을 간과했거나 별로 중요하게 생각하지 않은 것으로 보입니다.

○ Breach of Etiquette

서명이 없는 메일은 글쓴이의 의도와 관계없이 받는 사람의 입장에서는 'Breach of Etiquette'(에티켓 위반)이 됩니다. Breach of Etiquette의 뜻은 다

음과 같습니다: "A violation of established social norms or expectations, especially relating to polite society or specific professions"(The Free Dictionary).

Breach는 확립된 사회적 규정이나 기대 사항을 위반하는 것입니다. 특히, 예의를 지키는 사회나 특정한 직업에 관련해서 일어나는 일을 말합니다.

서명에서 Breach가 일어난 경우는 서명을 해야 한다는 것을 모르거나, 서명 하는 것을 경시하는 경우들입니다. 그럴 때 독자는 이메일 작성자가 성의 없다고 느낄 수 있습니다. 서명을 하는 것이 귀찮거나 시간이 없어서 서명을 하지 않았을 때, 독자는 무시당한다고 느낄 수 있습니다.

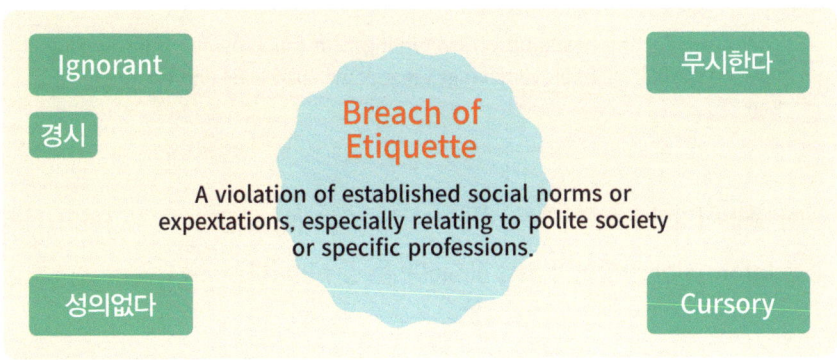

○ 단 한 줄이라도 서명 필요

단 한 줄을 보내더라도 서명은 반드시 해야 합니다. 공식적인 경우에는 Full Name을 사용하고, 격이 없는 경우에는 First Name만 써도 됩니다. 예를 봅시다.

> Your Welcome Dr. Bae.
> Kyana. S.

　　Your Welcome Dr. Bae 딱 한 줄입니다. 그러나 서명을 적었습니다. Formal 경우에 작성자 Kyana 처럼 full name을 다 써 줄 수 있습니다(여기에서는 개인정보를 밝히지 않고자 하는 차원에서 full name은 밝히지 않고 일부 지웠습니다).

　　아래 예시는 긴 한 줄의 문장입니다.

> Thank you for the heads up on everything with our program. I am looking forward to making wharever changes that come successful and exciting!
> Ben

　　한 줄뿐이지만 Ben 이라는 서명이 끝에 포함되어 있습니다. 친근하고 격이 없는 Informal한 상황이라 first name만 쓴 경우입니다.

○ 모델 – 공식적(정식)

　　다음 이메일은 표준급이자 공식적인(Formal) 경우를 보여 줍니다.

> Greetings from Iowa City,
>
> I just copied this letter of reference to different e-mail address for you (a "google" address) – although I do not remember getting this message when I first submitted the letter to your Executive Director, it may have gone to my "junk" or even "deleted" files.
>
> I hope that you can transmit this letter for me, with my apologies for the error in the address.
>
> Best wishes,
>
> Jane Brown
>
> Jane Brown, Ph.D.
> Administrator
> The ×××× Center
> for Higher Education
> The University of ××
> Iowa City, ××
> Fax: 319 ××× ×××
> Email: ×××
> http:///www.×××

첫 줄에 Greetings라는 인사를 제시하고, Main Body가 등장한 후, 한 줄 띄우고 Best wishes 라는 Closing이 나오며, 또 한 줄 띄우고 Full Name 서명, 또 한 줄을 띄우고 Signature Section이 등장합니다.

Signature Section에서는 글쓴이의 이름을 한 번 더 써주고, 그 사람의 직위, 소속 기관, 소속 기관의 주소, 이메일, 전화번호, 홈페이지 같은 것들이 나옵니다. 자신의 이름과 지위, 소속, 연락처 등을 밝힘으로써 본인이 확립된 (verified) 기관에 소속되어 있는 것을 확인시키고, 본인의 전문성을 인증합니다. 부수적으로 해당 기관의 브랜드 효과도 낼 수 있습니다.

○ 모델 – 덜 공식적

다음 예는 잘 쓰인 이메일의 모델입니다. 그러나 덜 공식적인(less formal) 예시입니다.

Hi, ×××

Obviously I won't be here long enough to do this on a long-term basis, but I would be happy to help you with any such tasks over the next two months. Please let me know if I can help in any way.

Mike

인사(Hi)와 본문이 나오고, 한 줄 띄우고 서명이 firt name(Mike)만으로 등장합니다.

○ 모델 – 비공식적(약식)

Date: ××.××.××

Of course it all depends on statistical power and effect size. In fact, effect size (in SD's) is often used to provide additional information beyond the significance level.
I believe that a significance level will always need to be set and reported, since without it, we can't discount the statistical probability that the results is due to chance.
Charles

From: ×× ××
Sent: Friday, March 02, ××
To: ××
Subject: RE: Are P-Values set too low?

> I seem to remember that ×××, in a paper he published perhaps 35 years ago, suggested that applied linguists use a .01 significance standard rather than .05, for much the same reasons as the Nature authors give. The .005 level seems a bit extreme, but tightening up our standards of research findings in general might not be a bad idea…
>
> Cheers,
> Dan

위 서신은 한통의 메일과 그에 대한 답장이 연속된 예시입니다. 첫 메일에서 본문이 나오고(I seem to remember …), Closing이 나온 후(Cheers), 띄우지 않고 바로 First Name(Dan)이 서명으로 나온 경우입니다.

그 메일에 대한 답장으로 본문이 나오고(Of course it all depends . . .), 줄을 띄우지 않고 바로 서명에 first name(Charles)을 썼습니다.

아래 메일은 다른 비공식적, 즉 약식의 예시입니다.

> Hi ××
>
> Very pleasnt and interesting day for all of us. We all had a great time, thanks for giving us this opportunity. Paul

한 줄의 본문이 온 후, 줄을 바꾸지 않고 Paul이라는 서명을 한 예시입니다. 비공식적인 경우에서는 이렇게도 합니다.

○ Formality 정도

위의 예시들을 보고 서명의 Formality 정도를 정리하면, 다음 그림과 같이 분류될 수 있습니다.

아래 그림에서 화살표 방향으로 Formality의 정도가 줄어듭니다.

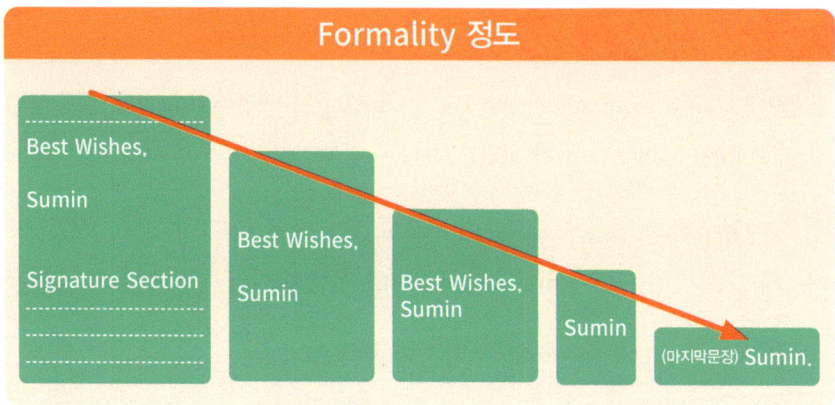

Formality 정도	순서	예시	설명
Formal ∣ ∣ ∣ ∣ ∣ ∣ ∣ ∣ ∣ ∣ Informal	1	(본문). Best wishes, Sumin [Signature Section]	○ 가장 공식적인 상황이라면 본문 마지막 문장 이후에 한 줄 띄우고 Closing(Best wishes)이 옵니다. 그리고 또 한 줄을 띄우고 서명(Sumin)을 작성하고, 마지막으로 Signature Section이 옵니다.
	2	(본문). Best wishes, Sumin	○ 덜 공식적인 상황에서는 서명은 쓰되 Signature Section을 생략합니다. Closing 이후에 한 줄 띄우고 서명하며, 줄을 띄우지 않고 서명할 수도 있습니다.
	3	(본문). Best wishes, Sumin	
	4	(본문) Sumin	○ 서명만 쓸 때도 있습니다.
	5	(본문). Sumin	○ 앞 문장에 이어 줄을 바꾸지 않고 곧바로 같은 줄에 서명할 수도 있습니다.

○ 정리

서명은

∨ 반드시 필요함

∨ 인증하는 것(Authentication)

∨ 전문성(professionalism)을 보여줌

∨ Etiquette임

∨ Formality 정도에 따른 다양한 표현에 익숙할 것

Quotation

―――

"I want to do business with a company that treats emailing me as a privilege, not a transaction."

- Andrea Mignolo -

Your Thoughts

Chapter
2

제목·주제
잘 짓기

Subject

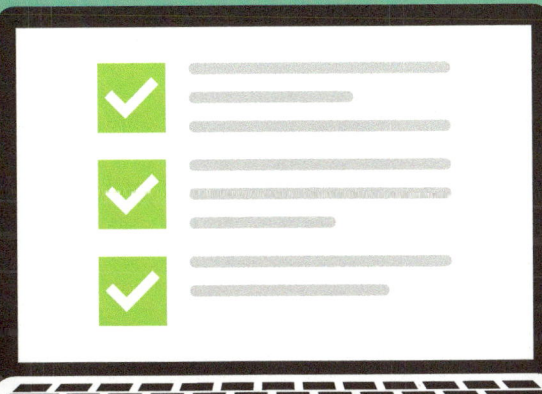

제목·주제 잘 짓기

◯ 이메일의 장르와 Reader expectations

이메일에서 두 번째로 눈에 잘 띄는 허술함, 그러나 이 역시 누가 알려주기만 한다면 쉽게 고칠 수 있는 영역이 있습니다. 이것을 얼른 알려 드리려고 두 번째 장에 배치하였습니다. 바로 이메일의 제목, 즉 주제(Subject)를 짓는 데 나타나는 허술함입니다. 이 양상은 영어 이메일이든 한국어 이메일이든 동일하게 나타나 그 부정적 영향이 양 언어에, 아마도 세상 어느 언어를 사용한 메일에도 드러날 것입니다.

본론으로 들어가기 전에, 이메일의 장르와 그에 기대되는 기대사항에 대해 이야기 해 보겠습니다. 이메일의 장르는 편지쓰기(Letter Writing)입니다. 거의 모든 장르가 그러하겠지만, 특히 편지쓰기는 뚜렷한 독자(reader)가 있습니다. 독자가 글을 대할 때는 기대하는 것이 있습니다. 이것을 Reader Expectations 라고 합니다. 그렇다면 독자는 영어 이메일에서 무엇을 기대할까요? 그것은 영어 이메일에 해당하는 규칙과 관습입니다. 독자는 이 이메일에는 그것들이 충족되어 있다는 것을 은연중에 기대하게 됩니다(어떤 규칙이나 관습인지는 곧 보겠습니다). 이 기대를 가진 채 이메일을 대하는 것입니다.

이메일을 쓰는 사람이 이 기대 사항을 모르거나 무시한 채 작성한다면, 그 이메일은 독자의 기대 사항과 어긋나게 되고, 결과적으로 대화의 효율성은 떨어질 것입니다. 독자가 이메일을 보낸 사람에 대해 가지게 되는 인상에도 영향을 주게 됩니다.

○ 이메일 제목 작성 시 주의해야 할 사항들

여기서 다루는 이메일은 친구나 가족 간에 격 없이 보내게 되는 informal context의 이메일은 아닙니다. 비즈니스, 일과 관계되는 상황에서 쓰는 Professional한 이메일입니다. Professional의 뜻을 보면, '직업적', '전문적' 입니다. 사전을 찾아보면 'Relating to job(일과 관계됨)' 'Needs special training or education(특별한 훈련이나 교육을 필요로 한다)'라는 뜻입니다. "You look professional today" 라는 말에서와 같이, professional 하다는 것은 그 사람이 아무렇게나 하는 것이 아니라, 해당 분야의 standard 기술을 가지고 주의를 기울이고 있다는 것을 의미합니다.

아래 표는 이메일을 열면 가장 먼저 나타나는 Inbox(받은 편지함) 속의 이메일 리스트를 예시로 보여 줍니다. Reader Expectations를 맞춰주어야 할 중요한 부분입니다.

이 주제는 영어나 한국어 이메일에 공통으로 해당하는 것이기 때문에, 예시로써 영어 이메일과 한국어 이메일 모두를 사용해 보겠습니다.

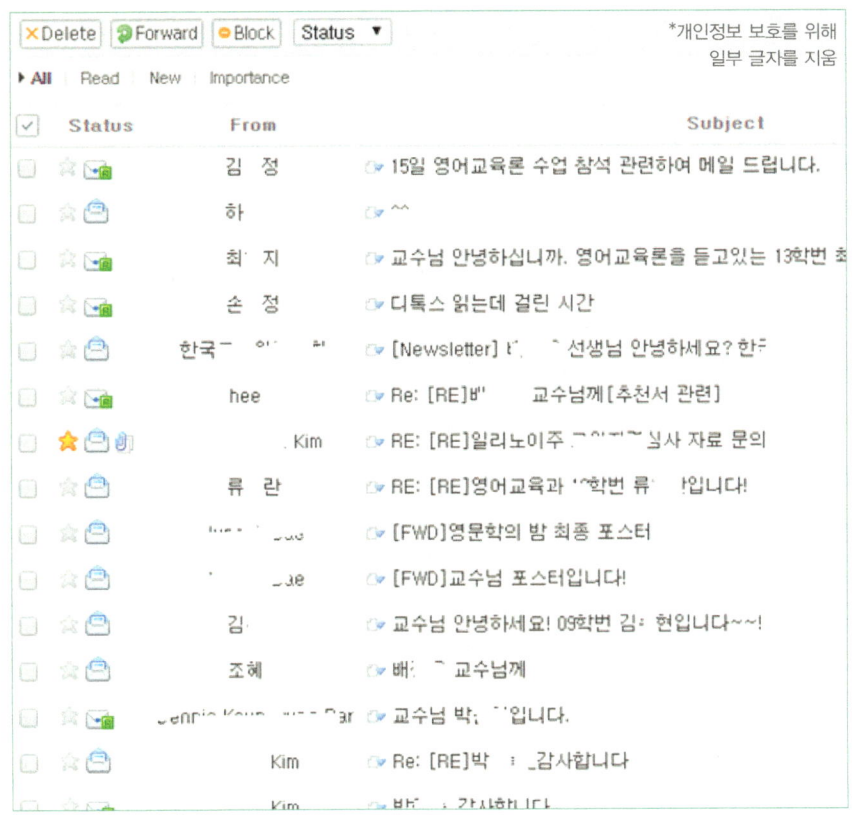

위 Inbox(받은 편지함)는 한국어 메일들의 예시입니다. Inbox에는 두 가지 구성요소가 있습니다. From 란과 Subject 란입니다. From 란에는 보내는 이의 이름이 나타나는 곳입니다. 본인의 이름 석 자를 정식으로 적어주어야 professional 합니다. 닉네임이니 애칭은 쓰지 말도록 하세요.

다음 Subject 란을 봅시다. Subject란 아래의 제목들을 죽 읽어보세요. Subject은 주제이며, 제목의 형태를 띠게 됩니다. 쓰는 사람의 입장에서 보면 하나의 메일을 쓰는 것이지만, 받는 사람의 입장에서는 여러 형태로 된 많은 양의 메일을 받게 됩니다. 많이 받는 사람들은 하루에 두세 페이지를 받기도 합니다. 독자는 이 양을 빠르게 처리하게 되는데, 알맞은 제목으로 지어놓으면 독자에게 도움이 될 뿐만 아니라, 보내는 사람의 입장에서도 본인의 메일이 받는이에게 효율적으로 드러나는 데 도움이 됩니다.

정석은 제목에 내가 쓰고자 하는 메일의 <u>내용을 요약</u>하는 것입니다. 즉, 메일의 <u>목적</u>이 제목에 드러나야 합니다.

위 예시 표에서, "디톡스(도서명) 읽는 데 걸린 시간" 그리고 "영문학의 밤 최종 포스터"와 같은 제목은 간결하며 하고자 하는 말을 잘 요약해 준 예시입니다. 독자가 제목만 보고 이 메일의 내용이 무엇인지 금방 파악할수 있게 해 줍니다. 독자는 처한 시간, 상황에 따라 제목만 보고 금방 읽어야 할 메일인지, 나중에 읽어도 되는 것인지를 결정할 수도 있습니다. 또한 보낸 이의 메일을 지나치지 않도록 도와줍니다.

대개 이메일을 받은 사람은 허술한 제목 짓기에 대해 보낸 이에게 "너 왜 이런 제목을 쓰니?" 라는 피드백을 주지 않습니다. 그래서 이메일 초보자들은 Professional 하지 못한 제목을 사용할 때가 많습니다. 본인이 많은 이메일을 받아 본 경험을 한 후에야, 체험 데이터를 통해 어떤 제목이 적절한지 판단하게 됩니다. 그러기까지는 시간이 오래 걸리며, 그간에 자신의 허점을 여기 저기 드러낼 수도 있습니다.

많은 이메일 초보자들이 제목으로 Reader의 호칭이나 본인 소개를 제목으로 사용합니다. 예를 들어, "교수님 안녕하십니까 ○○ 과목을 수강 중인 최○○○이라고 합니다." "선생님 안녕하세요. ○○○입니다."

이러한 내용은 본인이 이메일 내용으로써 삼고자 하는 핵심어가 아닌, 이메일을 열면 나오는 서두입니다. 이런 것을 제목으로 사용하면 안 됩니다. 이름이 이미 From란에 명백하게 나와 있기 때문에 "○○○입니다~" 식의 말을 Subject에 쓰게 되면 중복이 되기 때문입니다.

다음으로 이모티콘, 느낌표에 관한 예시입니다. 다음 표를 봅시다.

Status	From	Subject
		*개인정보 보호를 위해 일부 글자를 지움
☆	송 경	☞ 안녕하십니까^^ 교수님!
☆	현지S 7	☞ RE: [RE]오피스로？찾아뵙고？싶습니다
☆	현호	☞ 영어교육론 성적관련하여 여쭈어 볼 것이 있습니다.
☆	권:	☞ Re: [RE]교수님안녕하십니까?13학번영어교육과권: 입니다
☆	권:	☞ 교수님안녕하십니까?13학번영어교육과권: 입니다.성적관
☆	박제:	☞ 감사 인사드립니다.
☆	혜진	☞ Re:[RE]교수님~ 안녕하세요 ^^
☆	윤 ·	☞ Re: [RE]Re: [RE]교수님 윤 . 입니다.

위 표에는 이모티콘들을 사용한 예시가 나와 있는데, 이모티콘 사용은 지양하십시오. 예를 들면, 제목에 이모티콘만 나타나 있는 경우도 있습니다.

제목에 수시로 느낌표를 남발하는 경우가 있습니다. "합격했습니다!" 와 같이 느낌표의 사용이 적절한 곳이 아니라면 느낌표 사용은 지양하세요. 이모티콘은 감정을 나타내는 것이 되고 때로 통제하지 않고 분출하는 성질이 포함되어 있습니다. 이모티콘을 쓰는 것이 습관이 되면, reader의 마음 안에 자신의 가치가 하락될 수도 있습니다.

"성적 관련하여 여쭈어볼 것이 있습니다" 와 같은 제목은 이메일 내용으로써 쓰고자 하는 핵심을 나타내 좋은 예입니다.

"안녕하십니까. ○○○입니다. 성적 관련 메일 드립니다." 와 같은 제목에서는 인사와 자기소개를 삭제하면 되겠습니다. 이런 경우에는 "성적 관련 문의"가 더 적절한 제목이 되겠습니다. 제목은 간결하게 해 주는 것이 좋습니다.

다음은 Re: 표현에 관한 내용입니다. "Re: Re:" 가 많이 나와 있는 경우를 예시에서도 볼 수 있습니다. Re는 Regarding(대하여)의 준말로, 답장 버튼을 누를 때 자동 생성되는 글자입니다. 답장을 계속 주고받게 되면 "Re:" 가 연이어 반복됩니다. 이럴 때는 "Re:"가 하나만 나타나게 나머지 Re 자를 삭제해 줍시다. 3초만 신경 써서 깔끔한 제목으로 만들면 정제된 인상을 줄 수 있습니다. 이러한 것을 잘 신경 쓴다면 자신의 단정한 이미지 형성에 도움이 될 수 있습니다.

다음 예시를 봅시다.

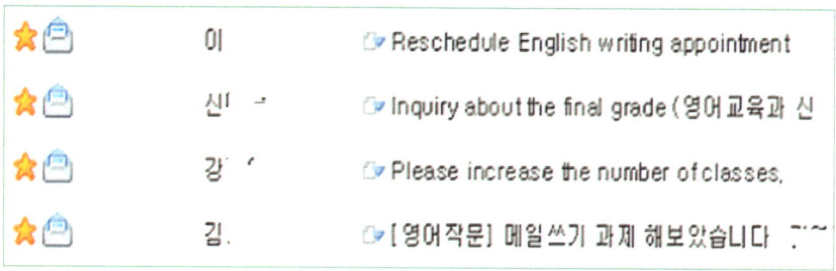

첫 줄 예시에서 제목이 "Reschedule English writing appointment" 로 되어 있는데, Reschedule이 동사원형으로 문두에 쓰여 명령문이 되었기 때문에 명령하는 것처럼 느껴질 수도 있습니다. "Rescheduling English writing appointment"로 동명사로 고치면 그 점을 피할 수 있습니다. Please를 함께 쓰더라도 동사로 시작하면 명령처럼 느껴질 수 있으므로, 명사형으로 고쳐주는 것이 좋습니다.

다음은 [영어작문]과 같은 대괄호 관련입니다. 대괄호 [   ]는 category를 지어주는 기호로 이메일에서 통상적으로 사용하는 관습입니다. 이메일 Reader가 한 범주(예: 교과목, 집단, 모임)에서 여러 사람으로부터 메일을 받는다면, inbox에 해당 범주가 연속으로 나타나게 될 것입니다. 이 때, 그 범주를 잘 나타내는 과목명, 그룹명, 모임명 등의 간결한 이름을 대괄호 처리하는 것이 좋습니다. 예로써 교과명인 [중급영어작문], 집단명인 [한국교직원공제회], [약학대학 교수회], [산악회], [L-TEST], [AAAL], [SEMnet] 등이 있습니다.

◯ 정리

정리입니다. 제목 쓰기, 주제(Subject) 정하기는 어떤 언어를 사용하는 사람이든 다 하게 되는 인지적 활동입니다. 이에 대한 허술함은 어느 언어를 사용한 이메일에도 나타나는 보편적 현상입니다.

제목 짓기도 여러 이메일을 써 봄으로써 연습이 되는 것인데, 의식적으로 다음과 같은 것에 신경을 써서 이메일을 작성하는 습관을 들입시다.

◯ 제목·주제 정할 때 의식적으로 다음 사항에 신경 써 줄 것

Do's	Don'ts
◯ Reader expectations에 맞추기 ◯ Professional context라면 Be professional ◯ Summary, purpose, key point 나타내기 ◯ [　] 분류 기호 사용하기	◯ Reader 호칭하기 ◯ 본인 이름 소개하기 ◯ 인사하기 ◯ 이모티콘 사용하기 ◯ ! 사용하기 ◯ 길게 작성하기 ◯ RE가 하나만 나타나게 해주기 ◯ 불필요한 내용 반복하기 　(Redundancy 없애기)

Quotation

"When you have written your headline, you have spent eighty cents out of your dollar."

- David Ogilvy -

* 1 dollar = 100 cents

Your Thoughts

Chapter
3

포맷 & 구성요소와 영어 표현들

Greeting, Main Body, Closing, Signature

Chapter 3
포맷 & 구성요소와 영어 표현들

이번 장에서는 영어 email 세 번째 주제로 Format(형태)과 Elements(구성요소)에 관해 보겠습니다. 잘 아실 수도 있겠지만 기본적인 것이라 다루지 않으면 핵심을 뺀 것 같아 간단히 다루어보겠습니다. 익숙하신 분들은 복습하는 겸 보시기 바랍니다. 특히 인사와 맺음말에 집중하겠습니다. 이들과 관련된 영어 표현들을 다루겠습니다.

○ Email Format과 Elements

아래 편지 한 통으로 Email format과 Elements를 설명하겠습니다.

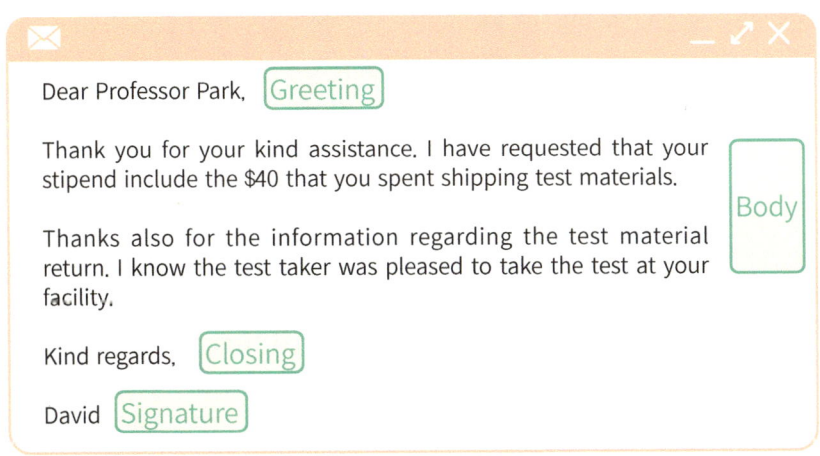

첫째 줄의 **Dear Professor Park**이 Greeting입니다.

Body는 하고자 하는 말이 담긴 본문입니다.

Closing은 맺음말입니다.

마지막으로 Signature, 즉 서명이 옵니다.

이와 같이 이메일은

> Greeting
> Body
> Closing
> Signature

총 4개의 요소로 구성되어 있습니다.

이 중 Formality의 정도에 따라 써도 되고 안 써도 되는 것이 있습니다. 안 써도 되는 것은 Greeting과 Closing입니다. 하지만 꼭 써야 할 것은 하고자 하는 말인 Body와 Signature입니다. Signature는 Body의 길이가 비록 짧더라도 꼭 포함시켜야 합니다.

◯ Greeting

각 요소에 대해 쓸 수 있는 표현들을 봅시다. 먼저 Greeting입니다.

가장 Formal한 경우의 영어 표현입니다.

> **Most formal**
> ○ Dear Professor Kim:

'Dear+이름' 이라는 표현이 오고, 마지막에 콜론(:)이 옵니다. 콜론은 formal 경우에 씁니다. 이메일은 편리하게 쓰이는 약간 informal한 장르입니다. 그래서 Formal한 경우에는 콜론을 쓰지만, 격식을 꼭 잘 차리고 싶은 경우를 제외하고는 이메일에 콜론을 거의 사용하지 않습니다.

약간 덜 Formal한 경우를 봅시다.

> **Less formal**
> ○ Dear Peter,
> ○ Dear CEEGY students,
> ○ Dear Class,
> ○ Dear All,
> ○ Dear Teacher,
> ○ Dear Professor,

위에서 Dear Peter,를 보면 콜론 대신에 콤마(,)를 사용하였습니다. Dear CEEGY Students 에서 CEEGY는 프로그램 이름이고, 역시 콤마(,)가 사용되었습니다. Dear Class, Dear All, Dear Teacher, Dear Professor, 모두 콤마가 사용되었습니다.

여기서 주의해야 할 것은 Teacher나 Professor의 경우에 부르는 말인데 T자나 P자를 소문자로 쓰는 것을 많이 보았어요(예: Dear professor Bae, Hello. professor. Good afternoon, professor). 대문자로 써주어야 합니다.

마찬가지로 All, Class, Students 모두 대문자로 썼습니다. Students나 Class, Teacher, Professor는 보통명사이기 때문에 소문자로 써야한다고 생각할 수 있겠습니다만, 호칭일 때는 대문자로 써 주어야 합니다. 보통명사로서의 선생님들은 많지만 내가 지금 이 이메일을 쓰고 있는 선생님은 고유하고 특별한 존재이기 때문입니다. 따라서 대문자로 써주는 것이 상대방을 존중하는 방법입니다.

Greeting에서 Informal한 경우입니다.

- David,

위에서처럼 Dear가 빠지고, 이름 뒤에 바로 콤마가 왔습니다. Informal한 경우 이 경우를 많이 씁니다.

이어, greeting의 variety를 봅시다.

Greeting Variety
- Hello Peter, / Hello Peter.
- Hi John, / Hi John.
- Greetings.
- Greetings from Auckland University.
- Good morning, David.
- Good afternoon John,
- Hello Everyone,

○ Hello Peter, ↔ Hello Peter. 이 둘의 차이는 콤마(,)와 피어리어드(.)의 사용입니다. 콤마를 쓰는 경우에는 Dear ○○, 처럼 dear 다음에 콤마가 오기 때문에 그 형태를 취한 것입니다. Hello Peter에서 처럼 피어리어드를 쓸 경우에는 이것을 문장으로 취급하였기 때문에 문장 뒤에 점을 찍는다는 심리에서 그렇게 하였습니다.

○ Hi John, ↔ Hi John. 마찬가지로 콤마를 쓸 수도 있고, 점을 쓸 수도 있겠습니다.

○ Hello와 Hi의 차이는, Hi는 Informal한 인사입니다. 잘 모르는 윗사람에게 쓸 때는 Hi라는 인사를 쓰는 것을 피해야 합니다. Hello는 보통 경우와 Formal한 경우 다 좋습니다.

○ Greetings. Greetings from Auckland University 이런 표현도 한 번씩 쓸 수 있겠습니다.

○ 더 자주 쓰는 표현으로서 Good morning David, Good afternoon John, 처럼 Good morning, Good afternoon, Good evening 이런 경우를 쓰기도 합니다. 여기에서도 punctuation(구두점)의 variety를 보세요. 피어리어드가 오기도 하고 콤마가 오기도 합니다. Hello Everyone, 이 경우에도 E 자를 대문자로 받았죠. 물론 여기에 마침표를 찍어도 되겠습니다.

◯ Body

Body는 하고자 하는 말을 쓰는 곳으로 본론입니다. 본문에서는 Readability(가독성)을 고려해야 합니다. 문단을 나누어 주면 시각적으로도 좋고 독자가 의미 처리를 원활히 하는데도 도움이 됩니다.

Body를 작성할 때 종종 생기는 상황과 자주 쓰는 표현은 이 다음 장에서 다룹니다.

◯ Closing

아래는 Closing에서 쓰는 표현입니다.

> **Formal**
> ◯ Sincerely,
> ◯ Sincerely yours,

맺음말에서 Formal한 경우에 가장 많이 쓰는 것이 Sincerely, 입니다. 그 다음으로 많이 쓰는 것이 Sincerely yours, 입니다. 이 외에도 Formal한 표현이 많이 있습니다만 이메일에서는 잘 쓰지 않습니다. 또한, 이메일 자체는 약간 Informal한 글의 종류이기 때문에 Sincerely,는 정말 Formal한 경우에만 쓰고(예: 우편으로 보내는 추천서), 그 외에는 잘 쓰지 않습니다.

아래는 Less Formal한 경우입니다.

> **Less formal**
> - Best wishes,
> - Good wishes,
> - Regards, Best regards,
> - Kind regards, Warm regards,
> - Best, All the best, All my best,
> - Warmly, Cheers,
> - Peace and Health,

Best wishes, Good wishes, 처럼 콤마(,)를 찍습니다. Best wishes,를 많이 씁니다. Regards, Best regards, Kind regards, Warm regards, 또는 최상급을 써서 Warmest regards, 이 모두 regards라는 말을 포함했죠. Regards를 사용한 Variety입니다.

Best라는 말을 포함한 다양한 표현들입니다. Best, All the best, All my best 많이 쓰는 말이고요, 여기 있는 말은 다 종종 쓰는 표현입니다.

다음으로, 가끔씩 Warmly, Cheers,를 쓰는 사람도 있습니다.

Closing은 다음의 경우와 같이 글쓴이의 취향을 반영합니다:

- 어떤 분들은 자기만의 Closing을 고안해서 쓰기도 합니다(Peace and Health, 경우에는 어느 원어민 교수님께서 즐겨 쓰시는 Closing입니다).
- Closing을 여러 표현으로 바꾸어 가면서 사용하는 사람들도 있습니다.
- 어떤 사람들은 한 가지 표현만을 사용하는 사람도 있습니다.

○ Signature

마지막으로 Signature 란인데, 이전 챕터에서 상세히 다루었습니다.

이상으로 영어 이메일의 기본 구조와 요소, 그리고 각 요소에서의 유용한 표현들을 보았습니다. 잘 활용하셔서 Be a confident user of emails.

Greetings 보충

E-mail을 시작할 때 Dear Cathie, Dear Dr. Park, 등으로 시작하는 것은 매우 정석적인 표현입니다. 그러나 Dear 뒤의 부자연스러운 인사로 인해 E-mail이 어색해지는 실수가 자주 나타납니다.

여러분은 이런 실수를 하지 않는지, 아니면 여러분도 이러한 실수를 보고 어색하다고 느낀 적이 있는지 아래에서 살펴봅시다.

Dear Professor Bae,

Hi, Professor Bae, I am ××, your student of . . .
for this semester's English composition class. Doing . . .
were not seen before. Each class and every activity . . .

○ Dear 뒤에서 일어나는 잦은 인사 실수

첫 번째 예시는 한 학생이 배 교수님께 작성한 E-mail입니다.

위 예시에 두 가지 문제점이 있는데 무엇일까요?

첫 번째 문제점은 Dear Professor Bae 다음 줄에 Hi, professor Bae가 나타난 것입니다. Dear의 기능은 인사하는 것(greeting)입니다. 그런데 연이어 Hi 라고 또 인사를 한 것입니다. Greeting을 중복하는 실수입니다.

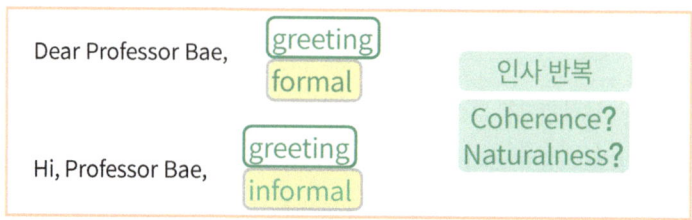

두 번째 문제점은 Dear를 써서 격식을 갖춘 formal 인사로 시작하였는데, 이어 오는 Hi가 informal 성질의 greeting이라는 것입니다. 이것은 "안녕하십니까?"를 뜻하였으나, "안녕?"이라고 한 셈입니다. 작가가 특정 이메일에서 formal 하고자 한다면 줄곧 formal 해주어야 mood의 Coherence가 이루어진다고 하겠습니다. 여기 예시에서는 Formality(formal vs. informal)가 본 메일에 일관되지 않아 문맥의 이음새가 떨어져 부자연스럽습니다. 많은 외국어 학습자들이 Hi가 안녕이라는 뜻은 알지만 informal 하다는 것은 잘 모르기 때문에 이 현상이 나타납니다. 심각한 것은 아니지만 이왕이면 그렇게 쓰지 않는 것이 좋습니다.

Dear Professor Bae,

Hello Professor. This is ××× Choi, taking your English Composition Class. I am writing about my vacation plan to share with you. I wrote down the detailed plan in the attached file.

위 예시에서는 Hi 대신 Hello가 사용되어 formality의 coherence는 해소되었지만, 여전히 중복된 greeting 실수를 범합니다. 즉 Dear도 Hello도 인사입니다.

> Dear Professor
>
> Hello. I am Jinyo ×× from school of Economics and Trade.
> English composition on Tuesday. I must enroll in the lecture so as to you accept my request?

위 예시에서도 동일하게 Hello를 사용하여 greeting이 중복되는 실수를 범합니다.

Dear의 원래 뜻은 loved, very much liked의 뜻입니다. 예를 들면 This photo is dear to me 가 있습니다. 그러나 편지에서 쓰일 때는 그 기능은 인사입니다.

이 세 가지 예시의 공통점인 중복된 greeting은, Dear Professor Bae라는 greeting에서 Dear를 한국어 편지에서 '~에게, ~께'라는 말에 해당한다고 간주하는 일종의 모국어의 부정적 전이 현상이라고 볼 수 있습니다.

> Dear Dr. Lee.
>
> Hello Professor Lee? I hope everything around you has been going well with you.
> I am writing about my plan of winter vacation.

위 이메일에서 Hello Professor Lee? 부분을 지우고 바로 용건으로 넘어가야 자연스럽습니다.

> Dear Professor Bae:
>
> <u>Good afternoon, professor</u>. I am Kim, a freshman majoring in The reason why I am sending you this email is to share my vacation thought much about what I would do during the vacation. First, I will prepare hard for the education camp event held by my educational v

위 예시에서도 Good afternoon은 중복된 greeting의 일종이므로 안 쓰는 것이 낫습니다.

◯ Dear 뒤 인사의 모범 예시

> Dear professor Bae:
>
> I hope everything around you has been going well with you.
> I am writing this email to share my summer vacation.

이 예시에서는 Hi 또는 Hello 등의 '정형화된 인사'가 아닌 구체적인 안부(I hope everything around you has been going well with you)를 적은 경우이므로 적절합니다.

> Dear Yurie,
>
> I trust you are well!
>
> Please find attached the reports for your students from Joyful Senior College.

위 예시에서도 구체적인 안부(I trust you are well)를 적었으므로 적절합니다.

Dear Professor Bae,

<u>I am emailing you to tell my story about</u> a picture taken Traveling alone, I took this picture in front of Tongdosa paintings in the Tongdosa Museum. It was one of my

---

위 예시에서는 Dear의 greeting 이후 I am emailing you to tell ~을 써서 E-mail을 작성한 목적으로 바로 이어져 문맥의 이음새가 자연스럽습니다.

Dear Colleagues,

Attached is the lesson plan for today and the copying.

위 예시에서는 Dear 인사 이후 작성자가 이메일을 쓰는 목적으로 바로 이어져 자연스러운 글쓰기입니다.

Dear Students,

<u>The most important thing about this message is</u>, we need volunteers to bring treats for this Friday! The second fairly important thing is, I have changed my email address for the class again!

위 예시에서도 Dear 인사 후 중복 인사없이 하고자 하는 말로 바로 이어집니다.

Dear Professor Back,

I would be grateful if you accept my late submission of . . . I tried to do my best to submit my homework on Thursday... However I cannot make it because of my private trouble...

위 예시에서도 E-mail 작성 의도가 Dear 인사 이후 바로 이어집니다.

◯ 정리

Dear 뒤에 쓰지 말아야 할 말

∨ E-mail에서는 Dear의 기능이 greeting이자 Formal한 상황에 사용되는 표현입니다(우리 말의 ~에게, ~께 의 기능이 아님). 이에 대한 이해가 부족할 경우 Dear ○○ 뒤에 Hi, Hello, Good morning 등의 인사를 쓰는 실수가 자주 나타납니다

∨ Dear ○○ 다음에는 Hello, Hi, Good morning 등의 정형화된 인사말을 사용할 시 greeting이 중복되어 글의 전개가 부자연스러워지므로 이런 인사말 대신 곧바로 작성 목적 또는 말하고자 하는 내용을 적는 것을 권장함.

∨ Dear를 적절하게 사용한다는 것은 문법적 주제가 아닌, 문장과 문장 간의 연결을 자연스럽게 한다는 naturalness(자연스러움)의 주제임. 자연스러움이란 특정한 사회문화적 상황이나 맥락에 맞게 작성할 수 있는 능력으로 담화능력(discourse competence)과 사회적 언어능력(Sociolinguistic competence)의 일부로 간주되고 있음.

Chapter
4

첨부파일 매너와 첨부 시 유용한 영어 표현들

Attachment

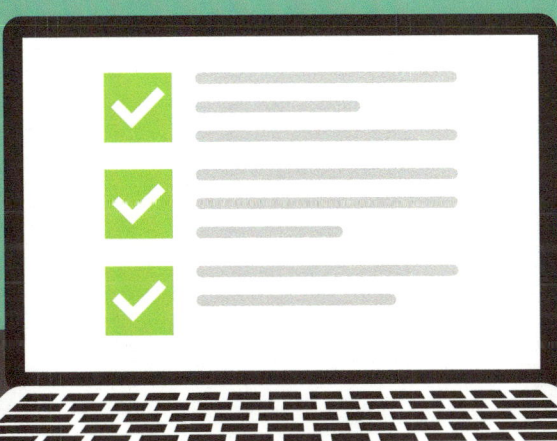

Chapter 4
첨부파일 매너와 첨부 시 유용한 영어 표현들

 이번 장에서는 이메일에 파일을 첨부(attachment)해서 보낼 때 주의를 기울여야 할 요소와 적절한 표현법을 다루겠습니다. 중요한 문서나 이미지 같은 경우 사용자들은 메신저나 문자보다 이메일로 파일을 첨부하여 공유하기를 선호합니다. 중요한 파일인 경우 더욱 그렇습니다. 이메일로 보내면 더 공식적이고 보관이 안전하고 편리하기 때문입니다. 첨부파일 즉 attachment를 보낼 때 일과 관련하여 능숙(professional)하면 좋겠습니다.

 첨부파일에 관한 조언으로 두 가지를 다루겠습니다. 첫째는 '파일 첨부 시 자주 하는 실수 두 가지 인지하기', 두 번째는 '첨부 시 함께 쓰면 적절한 영어 표현 알기'입니다.

> **주제**
> ○ 파일 첨부 시 자주 하는 실수 두 가지 알기
> ○ 파일 첨부 시 쓸 수 있는 영어 표현들 알기

◯ 파일 첨부 시 자주 하는 실수 두 가지

1. 아무 말 없이 파일을 보냄

첫 번째 실수는 첨부에 대해 한 마디도 언급하지 않고 첨부파일만 넣어 이메일을 전송하는 것입니다. 아래 예시를 봅시다.

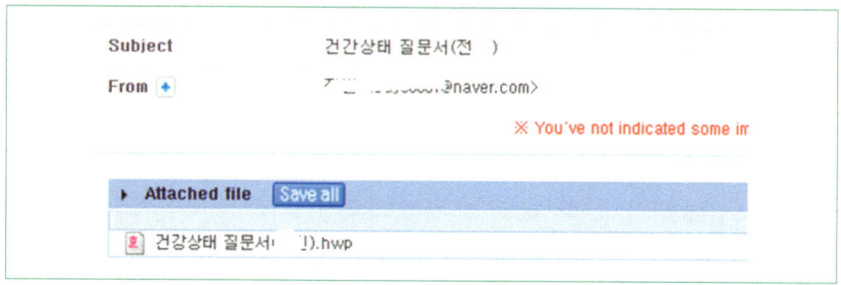

한국어 이메일의 예시입니다. 첨부파일을 보내왔는데, 본문 안에 아무런 내용 없이 왔습니다.

두 번째 예시입니다.

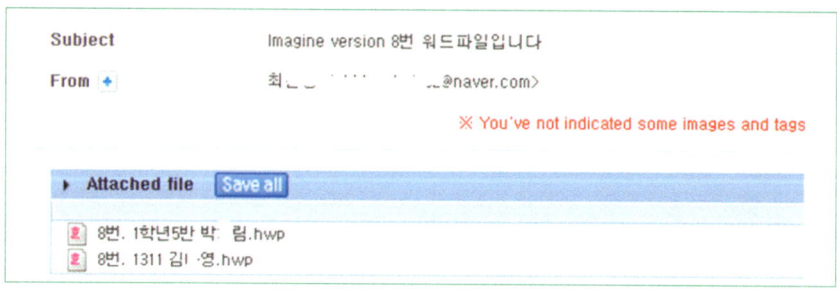

이 이메일에도 본문에 어떠한 말도 적혀 있지 않습니다. 첨부를 보낼 때는

첨부한다는 말을 언급해주어야 합니다.

수년 전 대학원에서 영어회화를 가르치는 새로 오신 원어민 교수님께서 코멘트하기를, 학생들이 숙제를 이메일로 보내왔는데 아무런 언급 없이 첨부파일만 와 있었다, 기가 막힌다라는 제스처를 지었습니다. 과제나 문서, 이미지를 보낼 때 "첨부합니다" "감사합니다" 와 같은 표현, 그리고 서명을 포함하여 2~3줄 간단히 적어주는 것이 professional 합니다. 편한 사이에서는 내용을 적지 않고 파일만 첨부하여 보내는 것이 편리하고 신속할 때도 있습니다. 하지만 professional contexts에서는 상대방을 존중하고 자신의 이미지를 관리하기 위해서라도 첨부에 대해 언급해 주어야 합니다.

〈파일 첨부 시 주의사항〉
○ 아무 말 없이 파일만 첨부 ──〉 Mention the attachment

2. 첨부파일의 파일명에 무신경

두 번째 실수는 파일명에 신경쓰지 않는 것입니다. 아래 경우를 보면 파일명이 정리되지 않았습니다.

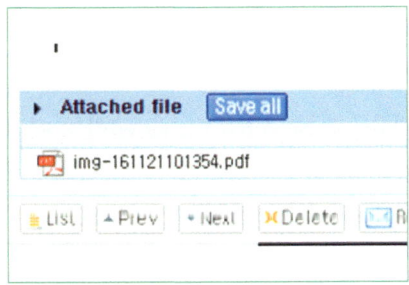 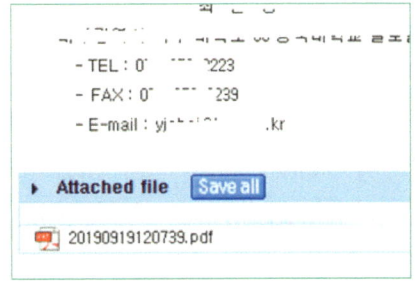

아마 이 파일이 생성되었을 때 파일명에 자동으로 숫자가 생긴 것 같습니다. 위의 예시에는 파일명이 숫자들로 되어 있습니다.

아래 제공한 메일에는 파일이 두 개 나란히 첨부되어 있는데, 첫 번째 첨부 파일에는 파일명을 잘 적어주었으나 두 번째 파일명은 카카오톡에서 자동 생성된 것입니다. 파일 속 핵심 내용이 드러나지 않아 파일명을 수정해야 합니다.

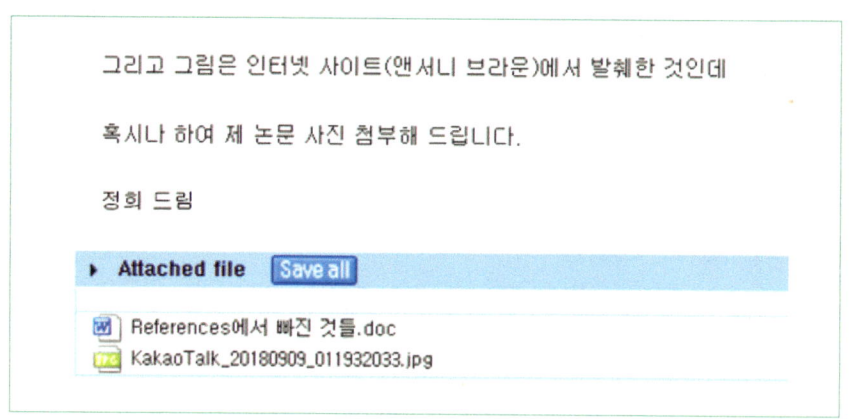

첨부파일명 작성 방법

작성 방법

① 핵심 내용을 미리 볼 수 있도록 하기

파일명은 그러면 어떻게 작성해야 할까요? 핵심 내용을 preview 하는 미리보기가 되어야 하겠습니다. 마치 이메일의 subject 라인을 만들 때, 말하고자 하는 핵심 내용을 미리보기 하듯, 파일명도 요약 형태로 작성해야 합니다.

아래에 모범 예시가 세 개 있습니다. 이 예시에는 본문이 나오고, 파일명들이 확실합니다. 파일명만 보아도 파일 안에 무엇이 들어있는지 한눈에 알 수 있습니다. 이렇게 파일 내용이 무엇인지를 요약하여 적어야 합니다.

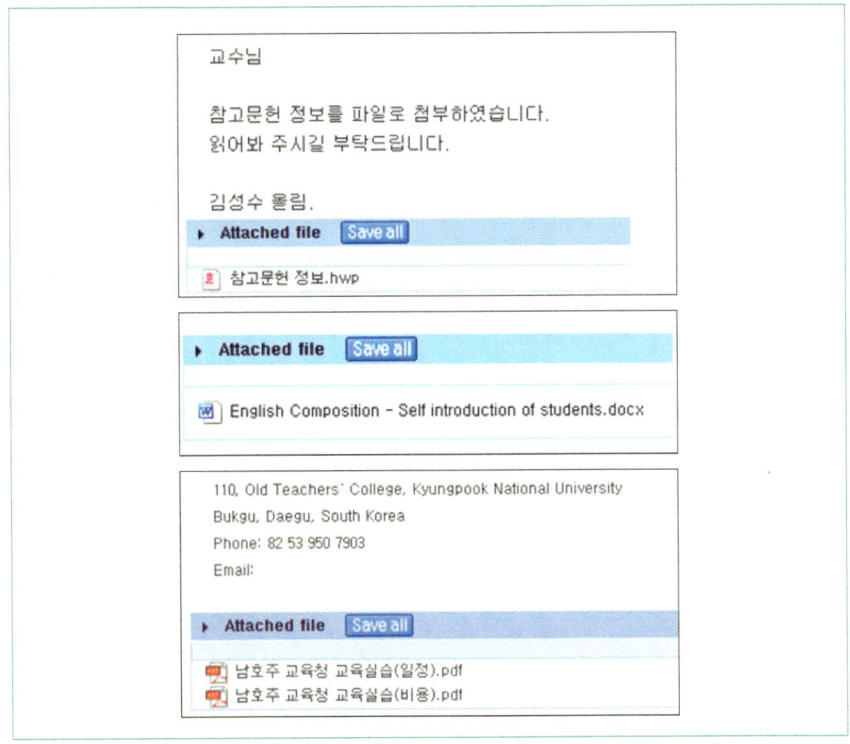

② 다수에게서 받는 이메일의 경우, '파일명(보내는 사람의 이름)'의 형태로 작성하기

이메일을 받는 사람이 여러 사람한테서 많은 파일을 받아 그 파일들을 분류할 것이라고 예상되는 경우에는, 파일명을 적고 그 파일을 보내는 사람의 이름을 같이 적어주는 것이 유용합니다.

아래 두 예시에는 CV(이력서)와 개인정보동의서가 첨부되어 있습니다. CV

를 받는 사람은 여러 사람에게서 받을 수가 있을 것입니다. 그리고 연도별로 한 곳에 모을 수도 있겠고요. 그럴 때 이 이력서가 누구에게서 온 것인지 보내는 이의 이름을 써 주면 빨리 파악할 수 있을 것입니다. 대체로 이름, 괄호를 사용해서 쓸 수 있겠고 점(.)을 써서 파일명의 내용을 분리할 수 있겠습니다. 예를 들어, CV.홍길동.2024 혹은 CV(홍길동, 2024)처럼 쓰는 것이 좋습니다.

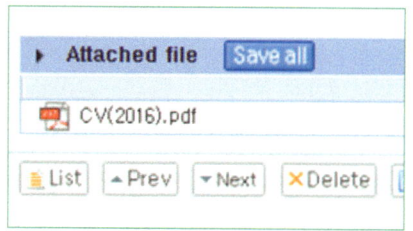 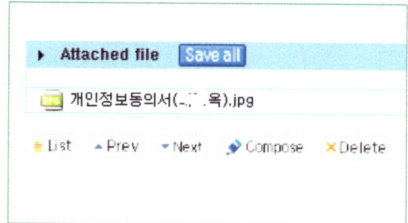

또한 수정본을 상대에게 보내게 될 때는 이전에 쓴 version과 혼돈되지 않도록 파일명 앞에 "(수정)" 혹은 "(수정본)"이라고 써 주면 상대가 파일을 관리하는데 도움이 됩니다. 예를 들어, (수정본)영어에세이, (수정)중간과제.홍길동으로 쓰는 것이 좋습니다.

여러 가지 방법 중 개인의 스타일에 맞게 쓰고 파일명을 핵심 내용으로 써 주어야 합니다. 그리고 받는 이가 여러 사람에게서 받을 것이 예상될 경우에는 본인의 이름을 적어주는 것만 주의하면 됩니다. 이메일을 처리하는 입장에서는, 누구에게서 온 것인지 일일이 열어보지 않아도 파일명만 보면 금방 예상할 수 있어 분류와 처리에 좋습니다. 수십 명에게서 첨부파일이 올 때 파일 이름을 아무렇게나 해서 보낸다면, 바쁜 수신자에게는 frustration이 될 수 있겠습니다.

◯ 파일 첨부 시 사용되는 유용한 영어 표현

첨부 파일을 보낼 때 첨부한다는 언급을 해주라고 하였습니다. 그때 함께 쓸 수 있는 영어 표현을 봅시다.

◯ Less formal (informal)

아래에 있는 영어 표현들은 less formal(Informal) 한 경우의 예입니다.

> **Less formal**
> ◯ I have attached an electronic copy for you.
> ◯ I have also attached a proposal for a four-week program as requested.

첨부파일이 하나일 경우에는 'I have attached + 목적어,' 첨부파일이 두 개 이상이라면, 'I have also attached + 목적어'를 쓰면 됩니다.

> **Less formal**
> ◯ Attached is the lesson plan for today.
> ◯ Attached are the CEEGY lesson plan and associated supporting materials for Saturday.
> ◯ Attached are some of those runs.

위에서는 "Attached" 라는 말이 문두에 왔습니다. 형용사가 문두에 온 뒤 주어 동사가 도치되는 강조용법입니다. Attached 라는 말을 문두에 두어 강조하게 되죠. Attached 뒤에 단수가 오면 Attached is ~, 복수가 오면 Attached are ~ 가 됩니다.

> **Less formal**
> - Attached to this message are two files. The annotated version presents the new text, ...
> - My comments are attached in the attached file.

표현 "Attached to this message are two files." 에는 삽입구로서 to this message가 왔습니다. 이런 표현을 여러분이 가용하면 되겠습니다. 이 장에 있는 표현들은 실제 교양 있고 지식 있는 원어민들에게서 받은 이메일 text 샘플입니다. 이 표현들을 응용하십시오.

다음으로 조금 덜 공식적인 표현이 다양하게 활용된 예를 보겠습니다.

> **Variety – Less formal**
> - Would you look at the attached Seoul Parks.png file information, and tell me which of them would be suitable?
> - The first attachment is the description of CEEGY, which I have lightly edited.
>
>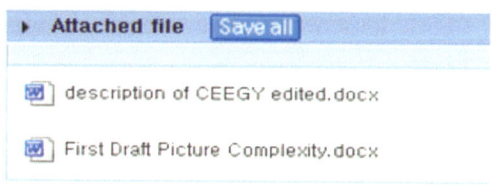

위의 두 예시 문장은 **attached** 의 의미를 문장 안에 담아 언급하고 있습니다.

○ Formal

마지막으로 첨부할 때 쓰는 영어 표현으로써 formal expressions를 봅시다. 이 formal expressions는 여러분들이 잘 모르는 사람들에게 쓰거나 중요한 사람에게 격식을 차릴 때 쓸 수 있는 표현입니다. 아래의 세 가지가 많이 쓰입니다.

> **Formal expressions**
> ○ Please find attached a photo of the campus.
> ○ Attached please find my final project.
> ○ Attached you will find the proposal.
>
> **외워주세요**
> – Please find attached+ 목적어
> – Attached please find + 목적어
> – Attached you will find+ 목적어

위 세 표현을 꼭 외워주세요. 많이 반복하여 익혀서 생각해 낼 필요 없이 이 표현들이 자동으로 나올 수 있도록 해주어야 합니다. Attached는 동시 동작을 표현하는 과거분사형으로 보면 됩니다.

이러한 formal 표현들이 사용된 예시를 봅시다.

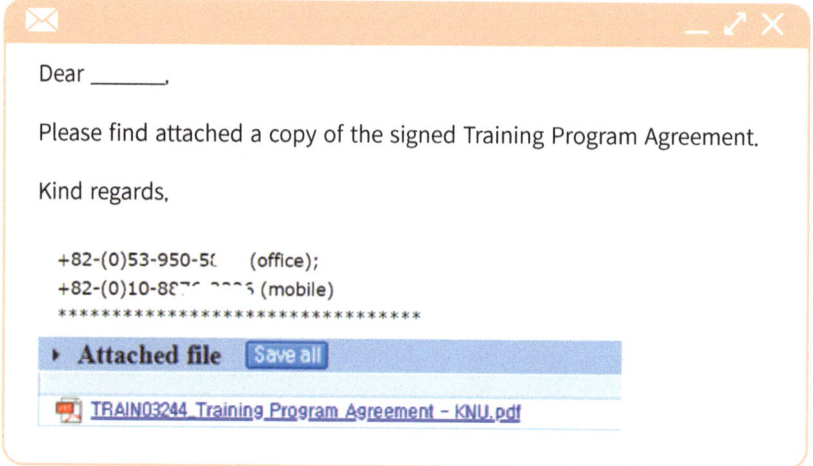

위를 보면, "첨부파일 찾아보세요"라는 멘트와 함께, 서명이 등장하고 "TRAIN03244 Program Attachment"라는 이름의 파일이 첨부되어 있습니다. 앞에 사족을 지우고 'Training Program Attachment'라는 간결한 첨부명으로 작성하는 것이 더 깔끔해 보입니다.

아래의 예도 봅시다.

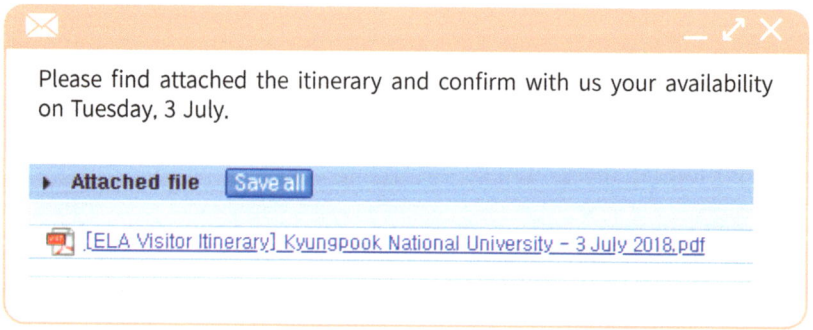

다른 Formal 예시를 봅시다. 다음과 같이 응용된 예시문들을 볼 수 있습니다.

> ○ Attached you will find two models files and their associated output files.
> ○ Please find attached a revised proposal for the 4-week English program.
> ○ Attached for your convenience please find the invoice from The University of Queensland.

○ 주의사항

이외 주의사항을 몇 개 더 봅시다.

○ 첨부파일 빠뜨림

본문 text 형성에 집중하다 보면 파일을 첨부하지 않고 보낼 때가 있습니다.

이럴 때는 다음 두 가지 전략을 써 보세요:

- 첨부를 먼저 해 놓고 Text 작성하기
- 파일이 첨부되어 있는지 확인한 후 '보내기(Send)' 단추를 누를 것

○ 첨부파일 크기(size) 신경 쓰기

첨부하는 파일의 용량에 신경을 써, 줄일 수 있으면 줄여서 보내야 합니다.

수신자의 이메일 계정에 용량 제한이 있을 때는 들어오는 파일의 용량이 크다면 들어오지 못하게 됩니다. 또한 메일 내용이 중요하여 그 메일을 보관하고 싶으나 첨부된 파일 크기가 클 경우 보관으로 인해 용량을 차지할 수 있어 부담될 수도 있습니다. 파일 용량을 신경 써 주는 것은 수신자를 위한 배려입니다.

○ 정리

첨부파일 사용 시 Be professional, courteous, and caring.
- 파일이 첨부되었다는 것을 본문에 언급할 것
- 파일 명:
  - 깔끔히, 핵심 내용으로 요약하기, 미리보기 기능이 되게 지을 것
  - 수신자가 동일 주제에 대해 여러 명으로부터 메일을 받게 될 경우 Sender 이름을 포함시켜 줄 것
  - 자동 생성된 파일명 고쳐 쓰기
- 파일 첨부 시 쓸 수 있는 영어 표현들을 익혀 활용하기, formal 표현 세 개 외워주기
- 파일이 실제 첨부되었는지 확인하기
- 첨부될 파일 용량이 과대하지 않도록 신경쓰기

Quotation

I do love email. Wherever possible, I try to communicate asynchronously. I am really good at email.

- Elon Musk, Founder of Tesla and SpaceX -

위의 일론의 말에서 asynchronous란 비동시적이라는 뜻으로 동시에 일어난다는 뜻인 synchronous의 반대말입니다. "Communicate anychronously"란 한 쪽이 말하면 상대방이 듣자마자 거의 동시에 반응하게 되는 전화나 대화 같은 상황과 달리, 이메일의 경우 한 쪽이 글을 보내놓으면 상대방은 비동시적으로 자기가 원하는 시간에 그 글을 읽고, 원하는 때에 답장할 수 있는 상태를 말합니다. 이 점이 이메일의 편한 점, 매력입니다.

Your Thoughts

Chapter
5

이메일 본문에서 쓰는 유용한 영어 표현 시리즈 1부

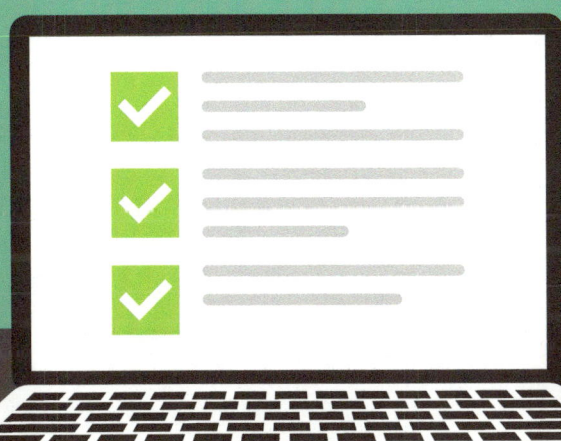

이메일 본문에서 쓰는 유용한 영어 표현 시리즈 1부

    이메일의 본문(body)을 작성할 때 수시로 접하게 되는 상황이 있습니다. 그것들은 안부 묻기, 말 꺼내기, 이메일을 쓰는 목적 말하기, 답장을 늦게 쓰며 미안하다고 하기, 그리고 하고자 하는 말을 한 다음 메일을 마무리하기 등입니다. 모두 본문에서 나올 수 있는 상황들입니다.

    이번 장에서는 이러한 기능을 달성하는 다양한 영어 표현들을 정리하였으니 활용하시기 바랍니다.

    이 표현 시리즈는 총 2부로 정리하였는데, 이번 장에는 제1부입니다. 크게 3가지 기능으로 정리하였습니다.

> Useful Expressions 1부
> - 본문에서 글 시작하기
> - 늦게 답장하여 미안하다고 하기
> - 본문 마무리하기

    이러한 기능들을 달성하는 표현들을 아래 정리해 놓았으니 익혀 두시기 바랍니다.

⦾ Opening Line – 본문에서 글 시작하기

이메일/답장 고맙습니다
- Thank you for your email.
- Thank you for the update / reply.
- Thank you for the quick / prompt reply.
- Thank you for getting back to me quickly.
- Thank you for keeping me posted / informed.
- It was great to hear from you (again).

안부 인사
- I hope you had a great weekend / day / holiday.
- I hope you are well.
- I hope this message finds you well and happy.
- I hope everything has been okay with you and your family.
- I hope everything around you has been going well with you.
- How are things with you?
- How's it going?

연락한 목적
- I am writing to ask / inquire / check whether you …
- I am writing about / in relation to / in connection with .
- This is to let you know that ~
- This is a follow up.
- This is just a quick note / reminder to say / to let you know…
- As we talked / discussed on the phone, I would like to …

늦게 답장하여 미안하다고 하기

Formal – Apologize, Apology
- I apologize for my late reply.
- I apologize for taking so long to report this topic.
- I apologize for not getting an email out to you sooner!
- I apologize for being so bad about responding to your request for a comment on this question.
- My apologies.

Informal – I am sorry. Sorry.
- Sorry not to reply sooner.
- Sorry for the long lapse.
- I am sorry for my late reply.
- I am sorry for not getting back (to you) earlier / sooner.
- I am sorry it took me so long to get to this.
- Sorry it's taken me a while to get back to this / you.
- I am sorry it has taken me this long to get to this.
- I hope this reply is still timely.

본문 글을 마치며 - Wrapping up

다시 보기를 기대하며~
- We look forward to seeing you on Saturday!
- We look forward to seeing you bright and happy in July!
- I'm looking forward to seeing you all again soon!
- See you soon / then / on Monday.
- I will see you next year, if not sooner.

도움 되기를 바라며~
- I hope this helps.
- I hope you will find this is helpful.
- I hope you will find this stimulates you to think more sharply.

답장 바라요~
- I would appreciate your reply.
- I look forward to hearing your thoughts about this.
- What are your thoughts on this?

들르세요~
- Please drop me a line if you have an update.
- Just swing by on your way to school.
- I'll swing by your office later today.

  * drop someone a line: 짧게 편지 보내다(informal).
  * swing by: 어디 가는 길에 잠깐 들리는 것
  * stop by / drop by / swing by / come over / come by: 모두 비슷한 말들

더 필요할 시 말해주세요~

- Please feel free to ask me further.
- Please let me know if I need to do anything further / if I can be of further assistance.
- If you have any questions / Should you have any questions regarding this matter, please do not hesitate to contact / reach me.

조언/도움 부탁할 때

- Please advise.
- I would appreciate your advice / help.
- I would really appreciate any help.
- Thank you for any advice you may give me.
- Any help / feedback you can / could give / offer me would be greatly / much / highly appreciated.

지금까지 본문에서 쓸 수 있는 세 가지 언어기능인 '본문 시작하기, 늦게 답장함을 사과하기, 본문 마무리하기'에서 몇 가지 잦은 상황에서 쓸 수 있는 영어 표현들을 보았습니다. 앞에서 소개한 대부분의 표현들은 <u>교양 있고 지식 있는 원어민들에게서 온 실제 이메일에서 추출한 언어 샘플입니다</u>. 여러분들이 영어로 이메일을 쓰는데 활용하실 수 있을 것입니다.

Quotation

If you want to send an email to someone . . . ,
you might want to recite the following verse to
yourself before you begin to type:

Words can travel thousands of miles.
Let my words create mutual understanding and love.
May they be as beautiful as gems, as lovely as flowers.

Written by Thich Nhat Hanh,
Excerpt from *The Art of Communicating*

Your Thoughts

Photo by Amy Shamblen
on Unsplash

Chapter
6

이메일 본문에서 쓰는 유용한 표현 시리즈 2부

Chapter 6 이메일 본문에서 쓰는 유용한 영어 표현 시리즈 2부

영어 이메일 본문에서 종종 마주하게 되는 상황들, 그 때 쓸 수 있는 영어 표현들 제2부입니다. 여기에서는 다음과 같은 상황에서 쓸 수 있는 표현들을 선별해 보았습니다.

> **Useful Expressions 2부**
> - ~ 해주시겠습니까? (부탁할 때)
> - 시간 제의할 때
> - 감사 표할 때
> - Offer를 거절할 때
> - 부탁, 요청을 거절할 때

○ ~ 해주시겠습니까? (부탁할 때)

첫 번째로, 부탁할 때 쓸 수 있는 표현입니다. 추천서 부탁해야 할 일이 종종 있습니다. 그래서 추천서의 예시를 들어 보겠습니다.

> **~해주시겠습니까? (부탁할 때)**
> - Would (Could) you write a letter of reference for me?
> - Would you be so kind as to write a letter of reference for me?

- Would you be kind enough to write a letter of reference for me?
- I would like to ask you to write a letter of reference for me.
  ↳ 이와 같이 Would (Could) you, so kind as, kind enough to, would like to ask you 같은 표현들을 다양하게 쓸 수 있습니다.

- Would you mind if I ask . . . ?
  ↳ Would you mind/Do you mind~ 표현은 꼭 필요한 것이 아니면 쓰지 말라고 하는 조언도 있습니다. Mind는 '꺼리다'는 뜻이 있는데 상대방이 꺼리지 않을 것이 확실하다면 굳이 불필요하게 상대가 꺼릴 것이라고 상상할 필요가 없기 때문입니다.

- Would it be OK(fine, all right) if I spoke with you?
  ↳ 무난한 표현으로 Would it be OK / fine / all right 과 같은 표현이 있겠습니다.

- If you have a minute, I would like to ┌ speak with you.
                                       └ come to your office.
- Do you have time to ┌ speak with me for a few minutes?
                     └ meet with me?
- I would be grateful if you would check it for me.

바로 위의 문장인 I would be grateful~ 은 ~해주신다면 감사하겠습니다 라는 표현입니다. 여기서 주의해야 할 것은 if you check it for me와 if you would check it for me는 다릅니다. Would 혹은 could는 조동사의 과거형인데 이를 사용하게 되면 가정(suppose)의 뜻을 가집니다. 해줄 수도 있고 해주지 않을 수도 있다는 것을 내가 가정하는 것입니다. 해준다고 생각하고 물으면 실제 상대방은 해주지 않을 수도 있기 때문에 주제넘게 들릴 수 있습니다. 그래서 이 조동사의 과거형은 완곡하게 '해주지 않을 수도 있다는 것을 압니다. 만약 해주실 수 있다면 고맙겠습니다'의 뜻이 있습니다. 그래서 if you check it for me보다는 조동사의 과거형을 사용하여 if you could / would check it for me를 사용하는 것이 낫습니다.

이런 표현들을 사용하시면 됩니다.

○ 시간 제의할 때

> **시간 제의할 때**
> ○ When would be convenient for you?
> ○ Would 5:30 be ⎡ convenient for you?
> ⎮ fine with you?
> ⎣ okay with you?
> ○ Would it be convenient for you to meet with me at 6 p.m. in my office?
> ○ Would it be convenient for me to meet with you at 5:00 p.m.?
> ○ Would you be available to meet with me at 6 o'clock in your office?
> ○ Would it work for you to meet at 6:00 p.m. in my office?
> ○ I would like for us to meet at 2 p.m. to continue the discussion.

이러한 표현들 활용해서 쓸 수 있겠습니다.

감사 표할 때

다음 부탁이나 요청을 한 다음 감사하기 표현을 봅시다.

After explaining your situation 본인의 상황을 상대방에게 설명한 다음
- Thank you for any advice you can (may, might) give me.
  ↳ 조언을 해 주십시오, 라는 표현을 많이 쓸 수 있습니다. 이때 내 상황을 설명한 다음 위 표현을 사용할 수 있습니다.

도움을 받고 나서
- Thank you for
  - your generosity in helping me.
  - help.
  - kind help.
  - kindness.
  - kind assistance with my problem.
  - taking so much of your time to help me.
  - your time out of your hectic (busy) schedule.

이 표현들을 번갈아 쓸 수 있습니다.

Usually in response to negative information
- Thank you for letting me know.
  ↳ 상대방에게 별로 좋지 못한 정보를 들었을 때 침묵하기 보다는 위의 Thank you for letting me know와 같은 표현을 써주면 좋겠습니다.

상대방이 도와줄 수 없음을 알았을 때, 상대방이 도와주지 않아도 괜찮아졌을 때, 상대가 제공한 도움이 사용할 수 없는 것일 때
- Thank you anyway.

○ Offer를 거절할 때(Refusing an offer graciously)

다음은 상대방이 나에게 어떤 offer(제의, 제공)를 했습니다. 이를 완곡하게, 우아하게 거절하는 방법입니다.

> **Offer를 거절할 때**
> - Thank you very much, but no, I cannot accept.
> - Thank you for the offer, but no, I can't.
> - No, but thank you for the offer.
> - No, thank you.
> - Thanks, but no thanks.*
>
> 아래쪽으로 갈수록 격식이 낮아집니다. 위쪽으로 갈수록 정식 · 공식(formal)의 표현이고 아래쪽으로 갈수록 약식 · 비공식 · 비격식(informal) 표현이 되겠습니다.

위에서 마지막의 표현인 Thanks but no thanks를 사용할 때는 조심해야겠습니다. 가장 informal한 표현인데 Jonathan 선생님의 조언을 한 번 가져와 봤습니다. 가능하면 쓰지 않도록 하는 것이 좋겠습니다.

> **Thanks, but no thanks.**
> "This is a clever-sounding colloquialism,
> but because it is so facile, it can come across as rude.
> Better to avoid it" (Jonathan Jordahl).

위에서 facile하면 simple하고 별로 생각하지 않고 내뱉는 말이 되겠습니다. 그래서 Thanks, but no thanks 라는 표현은 상대방의 기분을 상하게 할 수 있기 때문에 가능한 쓰지 않는 것이 좋겠습니다.

부탁·요청을 거절할 때
(Turning down a request graciously)

> 부탁, 요청을 거절할 때 (1)
> - I am sorry, but I cannot help you at this time
> - I am afraid that I am unable to help you at this time.

위와 같이 I am sorry, I am afraid를 쓸 수 있지요. 그리고 '할 수 없다'고 할 때 cannot과 am unable to를 병행해서 쓸 수 있는데, can은 우리가 be able to와 뜻이 같다고 배웠죠? 그리고 그 반대의 뜻인 cannot은 be unable to 또는 be 뒤에 not을 붙여서 be not able to 이렇게 할 수 있는데 둘 사이의 어감의 차이, 뉘앙스의 차이가 있으니 주의합시다.

I cannot 이라고 하면 내가 하지 않을 것이다, 하고 싶지 않다는 의미가 내포되어 있고, I am unable to, I am not able to 라고 하면 하고 싶지만 외부 상황이 나를 할 수 없게 한다는 뜻이 내포되어 있습니다. 그렇다면 듣는 사람의 기분을 생각해서 어느 것을 쓰는 게 좋을까요? Jonathan 교수님의 표현을 봅시다.

be unable to:
"If our goal is politeness, this is the much more polite form, because it suggests that the speaker would help if she could, but is unfortunately constrained by forces beyond her control" (Jonathan Jordahl).

> **부탁, 요청을 거절할 때 (2)**
> - I hope my saying no this time will not keep you from asking me again when another opportunity comes up!

이것은 사양해야 할 때, 들어줄 수 없을 때 쓸 수 있는 표현으로 내포된 뜻은 '이번에는 못들어 주지만 이것으로 인해 다음 번에 제게 또 한 번 부탁하실 기회가 없어지지 않기 바랍니다. 다음번에 한 번 더 물어주시면 제가 해줄 수 있는 기회를 기대합니다' 라는 뜻으로 가까운 미래로의 여지를 남겨두는 것입니다. 이렇게 함으로써 서로 간의 순조로운 관계를 유지하는 것이 좋겠습니다.

> **부탁, 요청을 거절할 때 (3)**
> '월요일까지 좀 해주십시오' 라고 부탁이 있었다고 해봅시다:
> - Monday is a little too tight a deadline for me.
> - I hope you might be able to give me another day or two.
> - I hope there might be another day or two.

이런 표현을 사용한다면 alternative를 완곡하게 제의하는 것이 됩니다. 즉 상대방이 그렇게 해줄 수 있는 힘이 있다는 것을, 혹은 그럴 위치에 있다는 것을 암시해주면 상대의 기분도 좋게 해줄 수 있어서 도움이 되겠습니다.

"Suggesting that the other person has power might be helpful" (Jonathan).

이 표현들을 활용하여 이메일 작성과 예의 있고 부드러운 관계 유지에 도움이 되기를 바랍니다.

Chapter

7

격이 있는 영어 이메일 쓰기를 위한 조언 여섯 가지

Do's and Don'ts

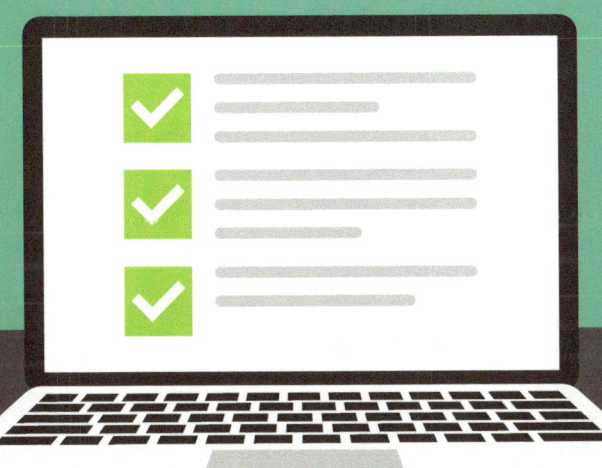

Chapter 7
격이 있는 영어 이메일 쓰기를 위한 조언 여섯 가지

이번 장에서는 영어 이메일 Tip 몇 가지를 소개하겠습니다. 이번 Tip들은 문법이나 어휘 같은 언어적인 측면이 아니고, 이메일을 쓰는 사람의 생각 패턴이나 습관, 스타일과 연관되는 것입니다.

이메일에는 격이 있습니다. 이메일을 쓸 때, 격이 있는 메일을 쓸 것이냐, 아니면 대충 써서 보낼 것이냐는 쓰는 사람의 선택입니다. 그러나 격이 있는 이메일을 쓰고 싶더라도, 어떤 사항들이 격을 높이는지 혹은 떨어지게 하는 것인지는 의식하지 못하거나 잘 모를 때가 있습니다. 격이 있고 professional 한 이메일을 쓰기 위해서 알아두면 좋은 것들과 피해야 할 것들 몇 가지를 다루겠습니다.

1. 두괄식으로 쓰기

○ 이메일을 쓴 목적을 단도직입적으로 앞 부분에 쓸 것

이메일을 시작할 때, Dear ○○, 과 같이 간단한 Greeting을 한 후, 필요에 따라 서두를 간단히 제시하고(예: I hope you are having a great summer), 본문에서 곧바로 이메일을 쓰는 목적이 드러나도록 해 주도록 권합니다.

예를 들면,

I am writing to ask…

I would like to discuss a few things with you.

와 같은 표현처럼 이메일을 쓰는 목적을 곧바로 명시하는 것이 좋습니다.

어제 혹은 한 시간 전에 쓰고 연속하여 이메일을 주고받게 되는 경우가 있습니다. 그럴 때는 서두 필요 없이 곧바로 첫 줄에 말하고자 하는 핵심을 넣어도 좋습니다.

서두에서 날씨를 언급하는 것은 한국말 편지에서는 관례입니다. 그러나 영어 이메일에서는, 특히 비즈니스 이메일에서는 날씨와 같은 서두는 불필요하고 이상하게 느껴집니다.

상대방에게는 읽어야 할 이메일들이 하루에 두세 페이지씩 들어와 있는 경우가 많습니다. 이메일을 열자마자 곧바로 이 사람이 왜 이 메일을 썼는지 드러나게 해야 합니다.

한참 읽어야 이메일의 목적을 파악할 수 있는 미괄식의 메일을 반복해서 보낼 경우, reader가 느끼는 글쓴이에 대한 인상은 나빠집니다. 예를 들어, 무언가를 부탁하기 위해 이메일을 써야 할 때, 상황 설명을 먼저 한 다음 부탁하는 내용을 뒤로 돌리며 미괄식으로 쓰는 경향이 있는데 이는 좋지 않은 습관입니다. 부탁하는 내용을 먼저 쓰고 설명은 뒤로 두어야 합니다.

이전 챕터에서 제가 이메일은 독자 기대사항(reader expectations)이 무엇인지에 대해 민감해야 하는 장르라고 했습니다. 이메일이 상대방에게 설득적이려면 두괄식 형태를 사용하여 이메일을 쓰는 목적이나 핵심 내용이 바로 드러나도록 해 주어야 합니다.

두괄식 쓰기는 명시적으로 생각하는 연습이 필요합니다. 쓸 때마다, 전하고자 하는 핵심 내용을 먼저 말하는 연습을 의식적으로 하여 내 글 스타일이 두괄식이 되도록 습관을 길러야 합니다.

2. 간략하게 쓸 것

○ 군더더기 말 제거하기

한국어 예로, 아래의 예시에서처럼, "다름이 아니라" 와 같은 표현은 아무 뜻도 없이 자리차지 하는 군더더기입니다. 즉, "다른 것이 아니고 이것이다"라는 말인데, 의식적으로 쓰지 않는 습관을 기르는 것이 좋습니다. 아래에 제가 받은 이메일에 나타난 예시를 가져왔습니다.

> **군더더기 말 빼기**
> ○ 다름이 아니라 (X)
> ○ 다름 아니옵고 며칠 전 학과사무실에서 ~ 어떻게 하면 좋을지 고민하고 있던 차에 ~
> ○ 용건은 다름이 아니오라 오늘 친 단어시험의 메이크업 관련입니다.
> ○ 긴 방학을 잘 보내셨는지 궁금해요. 뜬금없이 메일을 보내서 죄송합니다. 다름이 아니라 이번 학기 수업하시는~
> ○ 다름이 아니라 2학기에 개설될 수업을 수강하고자 하는데

○ 장문의 이메일 지양하기

장문의 이메일을 자주 쓰게 될 경우, reader에게서 글쓴이의 가치가 떨어질 수 있습니다. 긴 이메일을 쓰는 이유는 본인의 상황이나 현상을 설명하기 위한

것일 수도 있고 글쓴이의 성향일 수도 있습니다. 이메일을 길게 써서 자주 보내게 되면, 글쓴이가 통제력이 부족하고 말이 많다는 인상을 주어, 글쓴이의 격을 떨어뜨립니다. 긴 설명을 해야 할 경우는 이메일보다는 전화 또는 직접 만나 이야기하는 것이 효율적입니다.

Precise & Concise

이 작문 철칙을 기억하여 정확하고 간결하게 내용을 전달하는 것이 좋습니다.

3. 강조하기 위해 대문자를 쓰면 yelling이 될 수 있음

강조하기 위해 대문자를 쓰면 yelling이 될 수 있습니다.

예: The assignment is due on MONDAY.

과제의 마감일인 월요일을 강조하기 위해서 MONDAY 철자를 모두 대문자 처리하였습니다. 이것은 뜻을 강조하기보다는 크게 소리 질러 말하는 yelling이 될 수 있습니다. 글쓴이는 전혀 의도하지 않았었는데 말이죠.

* Yelling은 화가 나 있거나, 고통스럽거나, 놀랍거나, 항의, 반대, 부정할 때, 나오는 고함 소리입니다.

그렇기 때문에 이메일을 열었는데, 이 사람이 내게 yelling을 하면, 읽는 사람의 입장에서는 잘했건 못했건 기분이 좋을 리가 없을 것입니다. 단어의 모든 철자를 대문자로 쓰게 되면 의도하지 않게 yelling을 하게 되니 지양해야 합니다.

Yelling 관련하여, 문화적인 팁이 있습니다. 우리는 연속극 등에서 yelling

을 많이 들으면서 자라왔죠. 이런 경험들로 인해, 마치 yelling해도 괜찮은 것처럼 여겨질 수 있습니다.

그러나 미국 같은 서양에서는 yelling은 disapproval입니다. 즉 yelling하는 사람은 좋게 여겨지지 않습니다. Anger, pain, fright, protest, opposition, disapproval 한 상황에서도 yelling 하지 않고 말할 수 있는 것은 세련된 기술입니다.

그렇다면 특정 단어를 강조할 때는 무슨 표시를 쓸 수 있을까요?

강조를 하기 위해서는 *별표(asterisk)를 단어의 양쪽에 사용할 수 있습니다. *는 독자가 주시해 주기를 바라는 to note의 뜻이 있기 때문입니다. 이것으로 상대를 기분 나쁘게 하지 않고 원하는 말을 강조할 수 있게 됩니다.

예: The assignment is due on *Monday*.

4. 이모티콘은 경박한 인상을 줄 수 있으므로 아껴 사용할 것

이모티콘과 함께 작성된 예시를 봅시다.

- See you tomorrow :)
- Thank you ^^
- Have a nice weekend :-)

- 무더운 여름 건강하세요. ^^
- 두 편 쓴 거 파일 첨부해서 보냅니다 :)
- 사람도 그릴 수 있어요 ^^;;
- 그냥 이렇게만 보냅니다ㅠ

흔히 볼 수 있는 :), ^^, :-) 와 같은 이모티콘은 친구지간처럼 가까운 사이에서는 괜찮겠습니다. 그렇지 않을 경우에는 이모티콘을 불필요하게 많이, 혹은 자주 사용하게 되면 경박한 인상을 줍니다. 이모티콘의 사용 여부에 따라 격의 차이는 미세하게 바뀝니다. 아우라 형성에도 영향이 있겠죠? 그러니 선별해서 꼭 필요할 때만, 자제하여 쓰는 것이 좋겠습니다.

5. 느낌표, 물음표는 한 개만 사용할 것

느낌표, 물음표를 자주 반복하여 쓰면 격을 떨어뜨리게 됩니다. 아래와 같은 예시는 느낌표나 물음표를 한 개만 사용한 적절한 예시입니다.

- Excellent!
- Here is the Group Photo!
- Thanks for any help!
- Congratulations Jim!
- Less testing!
- Start making your plans to attend!

- Comments?
- Is it important?

이제, 물음표와 느낌표를 한 개를 썼을 때와 두 개 이상을 썼을 때를 비교해 봅시다.

- Really? ⟷ Really?? Are you sure??
- No! ⟷ No!!!
- Sound Great! ⟷ Sounds Great!!!!!
- It's Friday!!

하나만 사용한 예시와 비교하여 두 개 이상, 심지어 여러 개를 쓰는 경우는 emotion이 진하거나 과도한 상태임을 나타내려는 것입니다. 하나만 써도 충분히 내용이 전달되며, 감정의 절제를 나타내고, 격을 높이게 됩니다. 그러니 물음표나 느낌표를 사용할 때는 꼭 하나만 사용해 주어야 합니다.

어떤 전문가들은 느낌표 한 개를 쓰더라도 특정 효과를 위해 꼭 써야 할 때만 쓰라고 합니다. 그 이유는 느낌표가 초보자의 "gushy aura," 때로는 "breathless excitement"를 나타내기 때문입니다(William Zinsser, *On Writing Well*, 2006, p. 71). 단어 gushy는 분출한다는 뜻입니다. 무분별한 느낌표나 물음표의 사용이 자신의 아우라(aura) 형성에도 관여할 수 있다는 말입니다. 이모션을 드러내면 진다(lose)는 말도 있습니다. 자신의 감정을 절제하고 중용을 지키는 것은 자신의 가치를 높입니다. 지혜의 영역이기도 하지요.

6. 중요한 이메일을 보낼 때는 임시저장한 후 개정하여 보내기

이메일을 쓰다 보면 내용이 머릿속에서 아직 정리되지 않을 때가 있습니다. 또 생각은 분명해도 표현이나 구성의 완성도가 부족할 수 있습니다.

이럴 때는 초안으로 "임시보관함(Draft)"에 저장해 두었다가 시간이 지난 후 다시 읽어보아야 합니다. 그러면 수정이 필요한 곳이 눈에 보입니다. 내용 구성이 분명해지고, 이전에 생각지 못한 실수나 오타도 보입니다. 전할 내용이 명확한지, 중복된 말이 없는지, 예의를 갖추었는지, 말투가 친절한지도 점검해 볼 수 있습니다. 그렇게 함으로써 글의 질도 향상되고, 높은 격식을 드러내어 좋은 인상도 남길 수 있습니다.

중요한 사람에게 이메일을 보낼 때는 초안을 임시저장해 놓고 재검토한 후 보내는 것이 좋습니다. 그러기 위해서는 초안 작성을 일찍 시작해야 하겠지요?

저자는 중요한 이메일은 초안을 써서 임시저장한 후 다시 불러와 개정하여 보냅니다. 비교적 중요하지 않은 이메일도 저장 후 개정하는 과정까지는 거치지 않더라도 반드시 한 번 더 읽어보고 보냅니다. 만약 초안을 쓰고 나서 '다시 안 읽어봐도 되겠지'라고 생각하며 바로 SEND 버튼을 눌러 버리면, 보낸 메일을 읽어 볼 때 열에 여덟 번은 "아! 이런 실수를 했다니!", "오타를 내버렸네!", "한 번 더 읽어보고 보냈어야 했는데…"라고 생각하게 됩니다.

개정의 여부와 한 번 더 읽어보기의 여부는 상대를 귀중하게 여기고 있는지, 예의를 갖추고 성의를 다하는지의 여부이기도 합니다. 글을 써 보낼 때 마음을 가다듬고, 자신도 상대방도 귀하게 여기면 그것이 그대로 글에 드러납니다. 여기 제7장 끝의 "Qutation"에 제공한(p. 76) Thich Nhat Hanh의 인용문구가 적절하니 다시 한번 새겨 보세요.

○ 정리

1. 이메일을 쓴 목적을 분명히 진술하고, 본문 앞에 나올 수 있게 써 주세요(두괄식 추천).
2. 장문의 이메일은 글쓴이의 격을 떨어뜨리기 때문에 지양하세요.
3. 강조를 위해 단어의 모든 철자를 대문자로 쓰기보다는 *를 강조하고 싶은 말 앞과 뒤에 두세요.
4. 이모티콘 사용은 절제하세요.
5. 느낌표는 아껴 쓰고, 두 개 이상 중복은 절대 쓰지 마세요.
6. 임시저장한 후 개정하여 보내세요.

이러한 조언은 영어 이메일뿐만 아니라 한국말 이메일에서도 적용됩니다.

Quotation

The Well-Considered Message

There!
That'll show them!
Hah!
Revenge!
Justice!
You can't push *me* around!
SEND

...
UNDO?
Why would I?!
MESSAGE SENT

...
Wait! No! Undo!!!
No! I don't want to send that!!!

- Jonathan Jordahl -

조나산 조달 교수님은 English Writing과 Translation 분야의 학위와
영재교육 자격증을 가지고 있으며, 9개 국어를 말할 수 있습니다.
경북대학교 영어영재교육원과 영어교육과의 초빙교수를 역임하였습니다.

Your Thoughts

Chapter

8

나를 화나게 하는 이메일을 읽었다면 어떻게 할까?

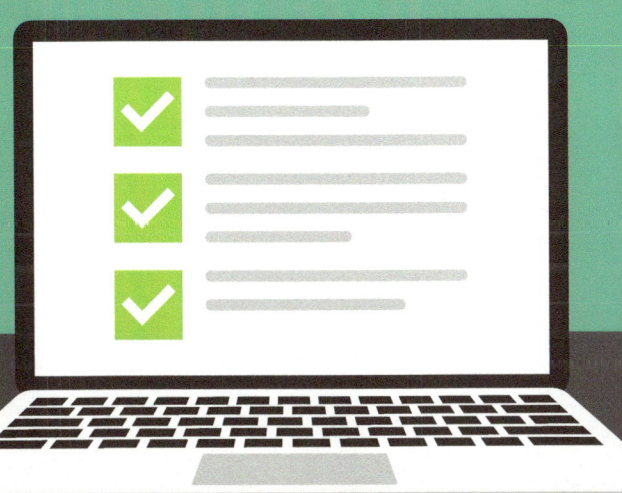

Chapter 8
나를 화나게 하는 이메일을 읽었다면 어떻게 할까?

　이메일 작성에 관한 책 집필을 마무리하면서 이 주제에 관해 견해를 쓰지 않으면 미완인 것 같습니다. 이 주제는 존엄과 품위, 관계, 성공, 그 반대되는 후회에 관한 것이기도 합니다. 바로 화나게 하는 이메일에 대한 대처법입니다.

　나를 화나게 하는 이메일을 읽게 되면 어떻게 대처해야 할까요? 살다 보면 마음에 심한 부정적인 요동을 일으키는 이메일을 받을 때가 있습니다. 우리는 주로 나는 잘못한 것이 없는데 상대가 나를 부당하게 대한다고 느껴 화가 날 때가 있습니다. 어쩌면 상대는 그저 오해했을 뿐 화나게 만들 의도는 없었을 수도 있습니다. 또는 평소에 크고 작은 일로 이미 쌓여있던 부정적 감정들이 이 이메일을 계기로 폭발할 수도 있습니다.

　감정(emotion)은 빠른 성질을 갖고 있어서, 불쾌한 이메일을 받으면 그 자리에서 바로 반응하고 싶은 충동이 듭니다. 그래서 상대의 오해나 잘못을 바로잡고자 하는 답장에 자신도 모르게 분노, 섭섭함, 좌절감 등의 감정을 실어서 보내게 됩니다.

　결론부터 말하면, 그러면 안 됩니다: Wait!

　보낸 후 후회하게 되니까요. 이런 경험을 이미 해 보셨다면 아시겠지만, 보내고 나서 후회하는 상황, 싫지요?

　가장 좋은 방법은 화가 나면 일단 멈추는 것입니다. Reply 버튼을 누르지 마세요. 그 자리에서 일어서거나, 이메일 창을 닫고 침묵의 시간을 보내는 것이 좋습니다.

한두 시간, 하루 이틀, 빠른 답신이 꼭 필수적인 것은 아니라면 일주일 이주일 … 반응하지 않고 시간이 흐르도록 하면 마음이 가라앉고 새로운 생각이 듭니다. 답장을 보낼지 말지, 보낸다면 어떤 내용을 쓸지에 대한 생각이 평정한 마음속에서 떠오르게 됩니다.

마음이 고요하면 선명하게 보입니다.

만약 순간적인 감정을 이기지 못해 답장을 쓰기 시작했다면, 절대 바로 보내지 마세요. 임시저장을 해 두고 시간을 보내세요. 시간이 흐른 후에 다시 읽어보면 썼던 글을 보낼지, 삭제할지, 수정한다면 어떻게 해야 할지, 확신이 옵니다.

답장을 아예 하지 않는 것도 상황에 따라서는 좋을 수 있습니다. 그때 답장을 하지 않은 것이 잘한 것이라고 느끼게 되기도 합니다. 받은 글에 침묵하면 그 이메일을 보낸 상대가 오히려 긴장해서 자신이 혹시 무슨 실수를 했는지를 되돌아볼 수도 있습니다.

때로는 시간을 좀 보낸 후 별일 없었던 것처럼 새 주제로 소통하는 것도 좋습니다. 이렇게 하는 데는 사랑, 이해, 용서, 함께하는 사람들을 소중하게 여기는 것과 같은 생각들이 자신 안에서 작동하도록 허용함이 있으며, 그러한 생각들은 서로에게서 그 반대의 생각들을 소멸시키는 힘이 있습니다. 애써 갈등을 키우지 않고 원만한 관계를 유지한 자신에 대해 뿌듯한 마음이 들기도 합니다. 반면 그 자리에서 바로 상대방의 잘못을 따지고 감정을 여과 없이 드러내게 되면, 그 순간은 직성이 풀려서 흡족해할 수도 있습니다. 그러나 그 여파로 두 사람의 관계가 예전 같지 않음을 마주해야 합니다. 겉으로는 괜찮은 척 할 수 있어도요.

이 주제는 영어의 언어적인 기술과는 무관한 정서(emotion, affect)의 영역입니다. 불쾌한 이메일을 받는 것이 자주 있는 일은 아니지만, 부정적 감정에 어떻게 대처하는지가 언어 사용과 함께 크고 꽤 지속적인 영향을 끼칠 수 있습니다.

자, 이제 비로소 이 책이 마무리되었습니다.

먼저 제1~7장을 통해 이메일 작성에 통달할 수 있는 여러 기술(skill)을 학습하였습니다. 그리고 이 마지막 장은 이메일로 의사소통할 때 정서를 잘 다룰 수 있는 권고입니다. Awareness and Understanding! 이로써 원활한 생활과 품위를 유지하고 - Jordahl 교수님의 표현으로는 - "SEND 버튼을 누름으로써 발생할 수 있는 것으로부터 나(직장, 회사, 인간관계)를 보호"하는 데 있어 성공을 거둘 수 있게 되었습니다.

저와 조달 교수님은 이 주제에 대해 같은 견해를 보입니다만, 여러분께서는 이 장을 참고하되 그 내용에 무조건 동의하라는 말은 아닙니다. 이전 장(제7장, 격이 있는 영어 이메일 쓰기를 위한 조언 여섯 가지)의 "Quotation" 페이지에 Jordahl 교수님이 지은 시(poem)가 있습니다. 이 시는 본 저자가 이메일에 관해 조달 교수님의 인용을 싣고 싶으니 하고 싶은 말을 만들어 달라고 요청하였더니 지어주신 시입니다. 여러분께서 이 주제에 대해 생각해보는 계기가 되기를 바랍니다.

Chapter

교재로의
활용 방법

Chapter 9
교재로의 활용 방법

○ **본 책을 교재로 활용하고자 하는 분들을 위해 이 책의 교재 유용성과 활용방법을 아래에 안내합니다.**

- 이 책을 혼자 읽고 있으면 저자와 대화하고 저자와 의사소통 하고 있다고 느끼게 됩니다. 이런 문체로 책이 재미도 있고 이해하기에도 수월합니다. 이 때문에 이 책을 교재로 사용하면 다음과 같은 편리함이 있습니다.

    - 교사가 개개인 학습자들에게 이 책을 챕터 별로 읽기 과제로 내어 주었을 때 학생들이 혼자 읽어 나가기에 용이합니다.
    - 교사가 학습자들에게 이 책 내용을 구두로 설명할 때 이 책의 말하기 문체를 교사가 응용하여 설명을 전개하기에 용이합니다.

- 본 도서를 교재로 사용하여 교사들은 플립드 러닝(Flipped Learning, 거꾸로 수업)을 운영하기에 용이합니다:

> **플립드 러닝(Flipped Learning)이란?**
>
> 플립드 러닝은 널리 알려진 교수-학습 방법으로, 간단히 소개하면 다음과 같습니다. 플립드 러닝을 운영하는 방법은 다양할 수 있겠으나, 저자는 경북대학교 교수학습센터에서 운영, 지원하는 방법을 썼으며, 다음과 같습니다
> 플립드 러닝은 〈사전수업 - 본수업〉 으로 구성됩니다.

> ∨ 사전학습용으로 교사는 미리 학습자료(북 챕터, 동영상, 문서파일, ppt 등)를 준비하여 학생들에게 제공, 공고합니다. 교사는 학습 기간을 정해주고, 학생들은 교사가 마련한 학습자료를 각자의 편리한 시간에 융통성 있게 스스로 시간을 계획하여 공부합니다.
> ∨ 본수업은 교사와 학습자가 정해진 시간에 한 장소에서 만나 사전학습에 대해 심화학습을 합니다. 사전학습에서 나온 질문-답변이 자연스럽게 다루어집니다.
> ∨ 이 방식은 교사가 먼저 강의하고 학생들이 복습하는 전통적인 순서를 뒤집은 것으로(flipped), 학생들이 먼저 사전학습을 통해 예습을 한 후, 본수업에서 교사 진행의 강의와 학습으로 이어집니다.

○ 이 책에 실린 챕터 내용을 교사가 그대로 학습목표로 정하고, 그에 따라 수업 차시별로 구분하여 사전학습 자료로 배정하기에 용이합니다.

○ 본 수업에서 교사는 학생들과 만나 사전학습에 대한 심화학습, 추가 설명, Q&A 세션을 가질 수 있습니다. 학생들은 수업시간에 손들고 질문하기를 꺼릴 수 있으므로, 사전학습의 일환으로써 학습한 내용에 대해 질문 하나를 적어내는 과제를 내 보세요. 그러면 본수업에서 그 질문들을 유용하게 다룰 수 있습니다.

○ 그럼으로써 플립드 러닝으로 수업을 진행하기에 이 교재가 안성맞춤임을 느끼게 될 것입니다.

○ 이 책의 내용은 유튜브에 동영상으로도 제공되어 있으므로(https://bit.ly/32qcfAd) 교사는 이 유튜브 동영상들을 곁들어 활용할 수 있습니다.

Youtube 영상

○ 실제 저자는 경북대학교에서 이 책의 내용을 플립드 러닝으로 수 년간 효율적으로 운영하였으며, 학생들의 만족도와 호응이 높았습니다.

○ 강의계획서 예시

아래 표는 강의계획서로 저자가 경북대학교에서 이 책 및 동영상의 내용을 플립드 러닝으로 운영하기 위해 작성한 계획표입니다. 이것을 응용할 수 있을 것입니다.

		강의계획서: 이메일 잘 쓰기 플립드 러닝		
1주	구분	사전수업 자료 공개 날짜 본수업 날짜	오리엔테이션	강의 오리엔테이션 ■ 교사에게 이메일 보내기 ■ 강의 오리엔테이션
2주	사전수업	11. 1 수	Email Tips	■ 서명의 중요성과 방법
	본수업	11. 6 월		
3주	사전수업	11. 8 수	Email Tips	■ 제목 · 주제 짓기
	본수업	11. 13 월		
4주	사전수업	11. 15 수	Email Tips	■ 포맷 & 구성요소와 표현들
	본수업	11. 20 월		
5주	사전수업	11. 22 수	Email Tips	■ 첨부하기 매너와 표현들
	본수업	11. 27 월		
6주	사전수업	11. 29 수	Email Tips	■ 이메일 본문용 표현들 1 & 2부
	본수업	12. 4 월		
7주	사전수업	12. 6 수	Email Tips	■ 격이 있는 이메일을 위한 조언들 ■ 송합평가 인내
	본수업	12. 11 월		
8주	보강	12. 14 목	Email Tips	■ 화나게 하는 이메일 대처법
종합평가		12.15-19	Take-home	개인 프로젝트 수행

○ 과제 유형과 방법에 대한 제안

매 챕터에 해당하는 내용을 차시별로 제시하고, 그에 대한 응용 과제와 퀴즈를 교사가 고안하여 사전학습용으로 제시합니다.

사전 과제나 퀴즈는 다음 방법을 섞어 사용할 수 있습니다:

- 선다형 문제(multiple choice items),
- 단답형 문제(short answers, gap-filling),
- 서답형(open-ended)

이 문제 유형들과 특징은 저자가 운영하는 "배교수님의 평가교실" 이라는 유튜브 채널 안에 문항에 관한 영상 두 개로 설명해 놓았습니다. 관심이 있는 분은 이를 참조하실 수 있겠습니다:

https://bit.ly/EV_B

◯ 이메일들을 과제용 자료로 활용

만약 교사가 영어 이메일 소규모 코퍼스(corpus)를 갖추고 있다면 그것을 문서 파일로 학생들에게 제공하여 학생들이 그 코퍼스 안에서 학습목표인 챕터 내용에 해당하는 오류의 예시를 찾아 코멘트하고 수정하게 할 수 있습니다.

또한 학생들의 실제 이메일 자료 (모음)에서 각 차시에 해당하는 오류를 학생들 스스로 찾아 코멘트하고 교정하게 할 수도 있을 것입니다. 학생들의 이메일 자료를 모으는 방법은 다음 페이지를 참조하세요.

○ 사전 사후 이메일 쓰기 과제와 활용

1. 사전 이메일 쓰기 과제와 활용

> **학습 시작 직전 과제 : 영어로 이메일을 써서 교사에게 보내기 과제**
>
> (이 과목을 담당하시는) 선생님에게 영어로 이메일을 한 편 보내세요.
>
> 주제(택일) : ○ 자기 소개
>   ○ 방학 중 한 보람있는 일(event, task) 공유하기
> 길이 : 프린트 하였을 때 총 10줄 정도
> 선생님의 이메일 주소: _____
> 마감 날짜: _____

활용 안내:

○ 교사는 학생들이 보내 온 이메일들을 기초 자료로 보관하여 교실에서 이 자료들을 컴퓨터에 띄워 이메일 샘플로 사용할 수 있습니다. 잘된 점과 교정할 점을 학습하고 토론하는데 활용할 수 있습니다.

○ 이 이메일 자료를 학기 종료 후에 과제로 활용할 수 있습니다. 이 책에 수록된 이메일 내용을 다 학습하고 난 후 학생들은 그간 배운 지식과 전략을 총동원하여, 교재를 배우기 전에 제출하였던 이메일을 스스로 개정판으로 만들어 교사에게 다시 제출하는 과제로 수행할 수 있습니다(다음 페이지 참조).

2. 사후 이메일 쓰기 과제와 활용

마무리 과제

과제 1: 이전에 보낸 메일 수정·코멘트하기
과제 2: 선생님께 새 이메일 쓰기

○ 교사의 마무리 코멘트

"지금까지 이메일에 관한 방법, 전략, 그리고 조언들을 공부하였습니다. 여기 나오는 것들을 알면 여러분은 이메일 쓰기와 이메일에 관한 대응에서 전문적이고 능숙하며 교양있고 세련된 인물이 되어있을 것입니다.

앞으로 여러분이 영어로 이메일을 쓸 일이 많은 일터에서 종사할 기회가 많기 바랍니다. 그 기회들을 통해 영어 이메일 쓰기를 자주 실행하여 이메일 잘 쓰는 것이 체화될 것입니다. 영어 이메일 쓰기는 일을 성공시키는 데 필수적인 기술이 될 것입니다."

○ 과제

지금까지 배운 이메일에 관한 지식과 교양을 총동원하여 다음 과제를 수행하시요.

다음 페이지에 계속 →

과제 1   이전에 보낸 메일 수정하기

첫 시간에 나에게 영어로 보내었던 이메일을 다시 읽어보고 그간의 학습에 근거하여 그 메일을 다음과 같이 수정하세요.

- 보내었던 편지를 프린트하여 하드카피에 칼러펜을 사용하여 수정하고 여백에 자신의 코멘트를 자유롭게 적어 넣으세요.

- 그 다음 수정본 편지를 새로 작성하여 프린트하세요. 초안 편지와 수정본을 함께 staple하여 제출해 주세요. 수정본 이메일에는 제목에 [수정본] 이라는 단어를 포함시켜 주세요.

과제 2 선생님께 새 이메일 쓰기

그간의 학습을 총 동원하여 나에게 새로운 이메일을 영어로 써 보내세요. 이 메일에는 여러분이 나와 공유할 수 있는 사진이나 이미지, 그림 같은 것을 첨부하세요. 그리고 그 첨부 파일에 든 것이 무엇인지 소개나 묘사를 해 주고 나와 공유한다는 내용으로 쓰세요. 내게 유익하거나 내가 흥미있어 할 만한 내용을 환영합니다.

　주의 : 첨부하는 이미지, 사진은 타인의 저작권에서 자유로운 것을 사용해 주세요.
무엇을 공유할까 여러분이 고민해 봐 주심에 감사합니다.
여러분이 보낸 이메일들을 읽으며 내게 알찬 시간이 될 것입니다.

보낼 이메일 주소: _____
마감 날짜: _____